HF450676

Traité
Élémentaire
&
L'art D'écrire
PAR
Guillaume-Montfort
Professeur à L'Institut des Boursiers de Paris
et Vérificateur des écritures et signatures contestées en Justice
Gravé par Bariolle
Rue de la Huchette N.º 10.
Imprimé par Dedun
PARIS, Chez Basset, M.d d'Estampes, rue Jacques N.º 64.

AVANT-PROPOS.

Malgré le grand nombre de Traités que l'on a publiés sur l'art d'écrire, j'ai entrepris d'en donner encore un nouveau. Ceux que nous avons, quoique faits, pour la plupart, par de très-habiles maîtres, sont loin de ne rien laisser à desirer. Je pense que le sujet n'est point épuisé, et qu'il en est de cet art comme de tous les autres, qu'il ne peut se perfectionner que par le concours des lumières et des réflexions de tous ceux qui s'en occupent. Je ne prétends pas néanmoins innover sur les règles; je me suis proposé de mettre en meilleur ordre, et de présenter d'une manière plus claire et plus aisée à entendre, les principes que l'expérience a démontré être les plus exacts. La méthode et la clarté sont donc le seul but que j'ai cherché à atteindre dans cet ouvrage élémentaire; et mon entreprise sera justifiée, s'il peut, sous ce rapport, convenir à ceux à qui je le destine, à la jeunesse la moins avancée en connaissances, et à laquelle il peut être rendu intelligible par les maîtres les moins habiles.

J'ai cru inutile d'exposer dans une longue préface la marche que j'ai suivie dans ce Traité, et les raisons qui m'y ont déterminé; c'est à ceux qui le liront, qu'il appartient de juger si ma manière de développer les principes doit être préférable à ces démonstrations muettes de quelques auteurs qui ne parlent qu'aux yeux, et sur lesquelles on chercherait en vain des explications détaillées dans leurs discours. Trop de brièveté d'ailleurs sur ce qu'il serait essentiel de développer, de longues digressions étrangères à l'exposition des principes, peu de clarté dans les explications, beaucoup d'expressions vagues qui laissent du doute sur le vrai sens dans lequel on doit les prendre ; tels sont principalement les défauts que l'on peut reprocher à ces divers Traités.

Pour moi, après avoir donné à celui-ci l'ordre que j'ai cru le plus naturel, j'ai tâché sur-tout d'éviter l'inexactitude dans les expressions, comme la première source de l'obscurité. C'est dans cette vue que j'ai cru devoir fixer le sens dans lequel on devait prendre certains termes, dont la signification n'était pas assez précise, ou dont on faisait une application abusive.

On me reprochera peut-être d'être trop minutieux sur quelques articles, et je conviens que je suis par fois un peu long : mais je l'ai cru nécessaire dans le développement de quelques principes généraux, les seuls sur lesquels je me sois étendu, afin qu'on pût aisément suppléer les détails que j'ai omis.

Quant aux modèles d'écriture, j'y ai mis tout le soin dont j'étais capable, pour les rendre plus beaux et plus corrects ; et j'avoue que les deux habiles artistes, *Beaublé,* connu depuis long-tems par son rare talent, et *Bariolle* son élève, qui m'ont secondé dans cet ouvrage, ne doivent pas peu contribuer au succès que j'en puis espérer. Ils ont su, par la délicatesse de leur burin, rendre les effets de la plume avec vérité, et toute la force qu'on peut en attendre.

La petite prévention que l'on a communément contre les exemples gravées, serait injuste, si elle s'étendait jusques sur des ouvrages qui ont été exécutés avec autant d'intelligence que d'attention.

TRAITÉ ÉLÉMENTAIRE

DE

L'ART D'ÉCRIRE.

PREMIERE PARTIE.

LE premier des besoins qu'éprouvent les hommes réunis en société, est celui, sans doute, de se communiquer leurs pensées, et de rendre sensibles les opérations de leur esprit. La parole, ce moyen si fécond et si facile de manifester ce que nous desirons faire connaître, a dû, dès l'origine des premières associations, être d'abord mise en usage ; mais, aussi fugitive elle-même que la pensée qu'elle représente, elle ne peint qu'une image passagère, qu'il est impossible de ressaisir dès qu'une fois elle nous échappe. Insuffisante d'ailleurs pour produire ses effets sur ceux que l'absence ou l'éloignement mettent hors de la sphère qu'elle embrasse, elle ne peut fournir qu'à la moitié de nos besoins. Comment, en effet, avec ce seul signe de nos idées, les rendre long-tems sensibles ? Comment transmettre les découvertes importantes, et communiquer aux générations futures les connaissances que l'industrie et l'expérience ont pu faire acquérir ? La tradition orale est trop incertaine ; elle est trop sujette à tout altérer. Il fallut donc un autre moyen de perpétuer la pensée, en rendant son image ineffaçable. Le génie inépuisable de l'homme lui fit découvrir cet important moyen. Il imagina de peindre ses idées par le contour grossier des objets même que son esprit considérait. Telle fut la source des progrès et de la perfection de la raison humaine, que rien dès-lors ne put ni arrêter ni limiter. Mais bientôt la réflexion apprit à simplifier davantage les dessins, et à abréger les signes trop lents de la pensée rapide. Les figures hiéroglyphiques qui représentaient d'abord des objets, ayant été modifiées de plusieurs manières, devinrent insensiblement les signes des sons de la langue, et furent, par conséquent, bien moins multipliées. Ce que nous nommons aujourd'hui écriture, ne fut plus dès-lors que le signe d'un autre signe, celui de la parole. Elle arriva, par divers degrés, à la forme et à la simplicité que nous lui voyons chez la plupart des nations où elle est en usage. Mais cette forme varie beaucoup, et on remarque une différence, non-seulement entre les caractères dont se servent les différens peuples, mais encore entre les diverses écritures en usage dans un même pays ; comme en France, où l'on se sert de trois espèces de caractères dans les écritures à la main, outre ceux de l'imprimerie.

L'art d'écrire, chez chaque nation, ne consiste donc plus, depuis long-tems, que dans l'art de tracer d'une manière élégante et commode le petit nombre de figures, ou lettres, qui ont été adoptées pour représenter les sons de la langue.

L'écriture est d'autant plus parfaite, qu'à une facile exécution elle réunit une forme plus agréable, et que ses caractères sont plus distincts pour être reconnus sans peine par l'œil qui les parcourt, c'est-à-dire, par le lecteur qui en veut pénétrer le sens.

Quoique les caractères des lettres ne présentent qu'un très-petit nombre de contours différens, qu'il semblerait d'abord facile de porter au dernier point de perfection en les répétant souvent, ils ne laissent pas néanmoins d'avoir de grandes difficultés. Le petit nombre de bons écrivains, parmi la multitude de ceux qui exercent cet art, en serait une preuve assez évidente, quand chacun n'éprouverait pas la peine qu'il y a à se former une écriture, même assez médiocre. Ceux qu'un travail soutenu, une pratique éclairée, et une longue expérience ont instruit des moyens de vaincre les difficultés de cet art, ne sauraient donc trop s'occuper du soin d'applanir les obstacles multipliés qui s'opposent aux progrès de ceux qui commencent à s'y livrer. Car si l'on sait que ce n'est que par un exercice long-tems continué qu'on peut espérer d'atteindre cette élégante perfection, cette hardiesse, cette légèreté de mouvement, et ce toucher ferme et moëlleux qui distinguent les bonnes écritures, on doit aussi être persuadé qu'il n'y a que les bons principes qui puissent abréger les peines et faciliter les succès.

L'art d'écrire avait fait de grands progrès en France sur la fin du siècle dernier, et au commencement de celui-ci ; quelques artistes, doués d'un talent rare, l'avaient porté à un degré de perfection auquel il est difficile d'atteindre. Barbedor, Alais, Sauvages, et Rossignol ensuite, se distinguèrent sur-tout, et fixèrent le bon goût de l'écriture. Mais on se plaint depuis quelque tems de la décadence qu'éprouve cet art, et de la rareté des bons écrivains. Le peu de cas que l'on fait vulgairement d'une belle plume, en est la principale cause. On se contente d'avoir une écriture passable, et peu de personnes aspirent à la perfection. Soit que l'on craigne de passer trop de tems à apprendre un art qu'on croit pouvoir exercer utilement, sans y exceller ; soit qu'on s'imagine que plus de perfection, lorsqu'une écriture est lisible, devient superflue, on néglige absolument ce genre d'étude. Une infinité même de personnes, qui, par état, chargées de consigner avec exactitude dans leurs écrits des objets importans, devraient apporter tout le soin possible pour éviter les graves inconvéniens qui peuvent résulter d'une écriture équivoque, semblent se

jouer

jouer des plus chers intérêts des citoyens par leur impéritie dans l'art d'écrire. Cependant il est tant de circonstances où une belle écriture est nécessaire, qu'on ne saurait trop inviter la jeunesse à ne point négliger cette partie de son éducation ; et c'est aux maîtres écrivains à redoubler d'efforts pour soutenir le point de perfection où s'est élevé le plus important des arts, après celui de la parole.

Je vais donc tâcher d'exposer, le plus brièvement qu'il me sera possible, ce que l'expérience et mes réflexions m'ont appris de plus propre à faciliter un art aussi utile. Je commencerai par donner les définitions de quelques expressions dont il est nécessaire de bien connaître le sens pour entendre plus facilement l'exposition des principes. Je dirai ensuite quelques mots sur le choix des objets dont on fait usage en écrivant; car je crois que cette partie ne doit point être négligée, et que, lorsqu'on aspire à une certaine perfection, il est bon de profiter de tous les avantages qu'on peut se procurer.

NOTIONS PRÉLIMINAIRES.

On ne saurait être entendu, si la valeur des expressions dont on se sert n'est bien connue des auditeurs ou des lecteurs. Comme la précision du discours exige qu'on emploie, dans l'art d'écrire, plusieurs termes qui ne sont pas vulgairement bien connus, sur-tout des jeunes gens qui apprennent à écrire, je crois à propos de commencer par les définir.

La *ligne* est définie par les géomètres *l'étendue en longueur seulement*. C'est dans ce sens que je prendrai toujours cette expression, en faisant abstraction de la largeur que peut avoir la légère trace par laquelle on est obligé de la peindre pour la faire connaître aux yeux.

Le *trait de plume*, que l'on confond presque toujours avec la ligne dans les livres qui traitent de l'art d'écrire, doit en être distingué; il désigne la trace plus ou moins large que laisse le bec de la plume lorsqu'elle est mise en mouvement.

Le *point*, géométriquement parlant, n'a point d'étendue; on s'en sert pour marquer les extrémités d'une ligne, ou bien l'endroit où deux lignes se coupent. Mais, comme signe dans l'écriture, il est employé pour caractériser l'*i*, en le mettant au-dessus de cette figure, ou pour marquer les différens repos dans le discours. Ce mot sera employé dans les deux acceptions.

La *ligne droite* (Planche II, fig. 1) est le plus court chemin du point (A) à un autre point (B).

Le *trait droit* (fig. 2) est la trace que laisse le bec de la plume lorsqu'elle n'est mue que dans une seule direction; il a communément la même largeur d'un bout à l'autre.

La *ligne courbe* (fig. 3) est une ligne dont la direction change à chaque instant.

Le *trait courbe* (fig. 4) est la trace du bec d'une plume dont le mouvement change continuellement de direction. Ce trait, formé selon les principes de l'art de l'écriture, ne peut jamais avoir la même largeur d'un bout à l'autre.

Des lignes sont dites *parallèles* (fig. 5), lorsqu'elles sont par-tout à égale distance l'une de l'autre. Quelque prolongées qu'on les suppose, elles ne peuvent jamais se rencontrer.

Un trait, ou une ligne, est dit *horizontal* en écriture, lorsqu'il ne penche pas plus d'un côté que de l'autre du bord inférieur du quarré de papier sur lequel on écrit. La ligne A B (fig. 1) est horizontale.

Un angle (fig. 6 et 7) est la quantité plus ou moins grande dont sont écartées deux lignes, A B et A C, qui se coupent en un point A; ce point est appelé le sommet de l'angle.

L'angle est *droit*, lorsqu'une ligne D A (fig. 8) coupe une ligne C B, de manière qu'elles fassent deux angles égaux de chaque côté, c'est-à-dire en ne penchant pas plus d'un côté que de l'autre.

On appelle *perpendiculaire* une ligne qui, coupant une autre ligne, forme avec celle-ci un angle droit. Ainsi A D (fig. 8) est perpendiculaire sur C B.

La ligne verticale ou à-plomb, est celle qui est perpendiculaire à l'horizontale : il y a cette différence entre la verticale et la perpendiculaire, que la première ne forme l'angle droit qu'avec la ligne horizontale, comme dans la fig. 8, au lieu que la seconde coupe à angle droit une autre ligne dans quelque situation que soit celle-ci, comme dans la fig. 9.

Une ligne A B (fig. 6 et 7) est *oblique* sur une autre ligne, lorsqu'elle ne forme pas, avec cette dernière, un angle droit.

Assez souvent en écriture on parle d'obliquité, sans désigner par rapport à quelle ligne. Cela s'entend alors par rapport à l'horizontale ou à la verticale. Ainsi quand on dit simplement, par exemple, que la position de la plume, dans la formation des lettres mincures, doit être oblique, c'est par rapport à la ligne horizontale qu'on l'entend.

Un angle B A C (fig. 6) est *aigu*, lorsqu'il est moindre que l'angle droit D A C.

Un angle B A C (fig. 7) est *obtus*, lorsqu'il est plus grand que l'angle droit D A C.

Un *polygone* est un espace renfermé de tous côtés par des lignes.

Le *triangle* est un polygone qui n'a que trois côtés.

Le *quarré* (fig. 10) a quatre côtés, qui sont égaux, et tous ses angles droits.

Le *rectangle* ou *parallélogramme rectangle* (fig. 2) est une figure, aussi de quatre côtés, qui a tous ses angles droits, et les côtés opposés égaux.

Le *parallélogramme non rectangle* ou *rhomboïde* (fig. 12) est celui dont les côtés opposés sont égaux, sans que les angles soient droits. Lorsque tous ses côtés sont égaux, on le nomme *lozange*.

Une *diagonale* est une ligne qui va d'un angle d'une figure à un angle opposé. A B (fig. 10 et 11) est une diagonale.

La *circonférence de cercle* (fig. 13) est une ligne courbe dont tous les points sont également éloignés d'un autre point intérieur C, que l'on nomme *centre*.

Le *cercle* est la surface qu'embrasse la circonférence.

Le *diamètre* est toute ligne droite A B ou E D qui va d'un point de la circonférence à un autre, en passant par le centre. Tous les diamètres dans le cercle sont égaux.

Les *ovales* (fig. 14) sont des espèces de cercles dont tous les diamètres, A B, E D, ne sont pas égaux. Ainsi, sur un même grand diamètre A B, on peut faire plusieurs ovales différens, en donnant diverses grandeurs aux petits diamètres E D et E' D'.

DU PAPIER.

Quoiqu'on ne doive point, en commençant à écrire, rechercher le beau papier, ni le préparer pour rendre l'écriture plus facile ; qu'on doive plutôt, au contraire, s'exercer à vaincre les petites difficultés que présente un papier grossier et mal uni, afin de se donner une main plus sûre et plus ferme, il est cependant nécessaire de connaître celui qu'on doit préférer pour former une belle écriture.

Le papier, pour être bon, doit être bien collé et ferme : celui qui est mou et lâche au toucher, n'est pas assez collé et boit l'encre. Il faut de plus qu'il ait le grain fin, qu'il soit uni et net, sans taches, surtout sans rides, filets ni poils. Les rides et les gros grains font jeter à la plume des éclaboussures d'encre sur l'écriture, et les poils s'insinuant dans la fente de la plume, rendent l'écriture boucuse. Quant à la blancheur, chacun peut en choisir la nuance selon son goût ; elle est indifférente en elle-même. Tout étant égal d'ailleurs, le plus anciennement fabriqué est le meilleur.

DU CHOIX DES PLUMES.

Toutes les plumes ne sont pas également propres pour bien écrire. Il faut moins s'arrêter dans le choix à la grosseur ou à la longueur du tuyau, qu'à la rondeur et à la fermeté.

Les forts bouts-d'aîles, ou celles qui viennent après, sont préférables : elles doivent avoir une transparence de corne un peu jaune, sans taches blanches ; ce qui caractérise leur vieillesse, et les rend infiniment supérieures aux nouvelles. Celles-ci doivent toujours être rejetées ; car elles se fendent mal, sont sujettes aux filets, et font un très-mauvais usage. Quelques personnes préfèrent les plumes de l'aîle droite ; d'autres celles de l'aîle gauche : pour moi, je me sers également des unes et des autres, parce qu'il y en a de bonne qualité aux deux aîles ; il faut seulement briser celles qui sont trop arquées, pour en rendre le maniement plus commode.

DE LA TAILLE DES PLUMES.

Ceux qui apprennent à écrire négligent trop, pour l'ordinaire, la taille des plumes ; prenant l'habitude de les faire tailler toutes par leurs maîtres, ils s'appliquent peu à le faire eux-mêmes ; aussi restent-ils assez souvent incapables de donner le moindre coup de canif à leurs plumes, lorsqu'ils

commencent

commencent à savoir écrire. Cependant une bonne écriture dépendant beaucoup de la bonne coupe de la plume, on ne devrait pas moins s'appliquer
à les bien tailler qu'à les bien manier.

Lorsqu'on a fait choix des plumes, voici comment on doit s'y prendre pour
les tailler (Voyez planche I) : 1.º On tiendra la plume avec les trois premiers
doigts de la main gauche, en tournant le ventre en-dessus ; puis on prendra
de la main droite le canif, qui doit avoir le manche gros et rond, et la
lame étroite. Il ne faut la tenir qu'avec quatre doigts, réservant le pouce
pour le mettre sous le bout de la plume, afin de la mieux fixer, et s'en
servir comme d'un appui qui rend le mouvement du canif plus sûr.

2.º On coupera en deux coups le bout de la plume sur le ventre et
sur le dos, et l'on fera une légère incision dans l'échancrure du dos,
observant de la bien faire par le milieu ; puis on étendra cette fente avec
le bout du manche du canif, ayant soin d'appuyer le pouce de la main
gauche sur l'endroit où l'on veut qu'elle s'arrête, de peur qu'elle n'aille
trop loin.

3.º On retournera la plume sur le ventre, et l'on formera la grande
échancrure appelée *grand tail*. Il faut avoir soin de ne point incliner la
coupe plus d'un côté que de l'autre, afin que la fente soit toujours par
le milieu de la partie restante.

4.º On évidera ensuite les deux côtés de la plume pour former le bec ;
ces parties ainsi évidées, sont ce que l'on appelle les deux *carnes*.

Les deux carnes sont ce qu'il y a de plus difficile, pour les commençans,
dans la taille de la plume. Si la lame du canif est un peu large, ou si
la main n'est pas exercée, on a de la peine à arrondir assez ces deux
échancrures, et l'on forme, malgré soi, un bec trop court et tout d'une
venue, sans pouvoir lui donner à volonté la forme requise. Mais on y
réussira facilement, en tournant un peu la plume sur le côté, et en
forçant le dos de la lame contre la plume.

5.º Quand on aura formé les deux carnes, et que les deux parties du
bec auront une largeur proportionnée à la grosseur du caractère que l'on
veut tracer, il ne s'agira plus que de trancher net ce bec. Mais on observera
auparavant que les plumes, quoique assez minces, auraient cependant
encore trop d'épaisseur pour former les liaisons avec légèreté. Il faudra donc
un peu les amincir ; pour cet effet, après avoir introduit dans l'ouverture
de la plume qu'on taille le tuyau d'une autre plume, on diminuera d'abord
l'épaisseur du bec par une coupe fortement inclinée ; enfin, posant bien
perpendiculairement le tranchant du canif sur le bec déjà aminci, on le
tranchera par un coup sec et prompt.

Mais il faut observer que le bec se coupe plus ou moins obliquement
selon l'espèce d'écriture à laquelle on destine la plume. En effet, la plume,
dans sa position, devant être inclinée à droite, ne pourrait point marquer
de plein, si la partie droite du bec n'était un peu plus courte. Le renversement

de la main , qui n'est pas toujours le même à cause des différentes habitudes de ceux qui écrivent, peut apporter quelque modification dans cette obliquité; de sorte que les règles qu'on pourrait donner ne sont pas absolument invariables.

On doit aussi faire plus large la partie du bec qui est du côté du pouce, c'est-à-dire, à gauche, afin qu'elle soit plus ferme dans le moment où la plume ne porte que sur ce seul bec; par exemple, lorsqu'on fait des liaisons; quand il est trop faible, il plie , et jette des éclaboussures sur le papier.

On observera encore que , pour les mains lourdes, il faut fendre un peu moins la plume et tenir le bec plus court.

Je dirai , à l'article des diverses écritures en usage, ce qu'il y a de particulier sur la taille des plumes, pour chacune d'elles, et la planche I en offrira les modèles.

DE LA POSITION DU CORPS.

L'ACTION d'écrire étant principalement produite par le mouvement des doigts et du poignet, semble au vulgaire ne dépendre absolument que de ces parties du corps. Les jeunes élèves sur-tout ont de la peine à s'assujétir aux positions que leur prescrivent les maîtres ; s'imaginant que les doigts seuls opèrent tout , ils s'inquiètent fort peu du reste. Uniquement occupés à considérer chaque lettre , ils négligent entièrement l'observation des principes qui faciliteraient leurs opérations. Mais il ne faut qu'une légère attention pour se convaincre de la nécessité d'assujétir toutes les parties du corps à l'attitude la plus favorable au mouvement qu'on doit produire; car tous nos membres sont tellement liés par leurs rapports mutuels, sont dans une telle dépendance les uns des autres, que la contrainte qu'on peut éprouver dans quelque partie, doit nécessairement influer sur les mouvemens de l'autre, en gêner la liberté, et en altérer les opérations. Il ne doit donc point paraître surprenant qu'une mauvaise position des jambes, de la tête ou du bras, ne trouble les fonctions délicates d'un autre membre qui doit opérer avec autant de précision que de grâce.

On ne saurait donc suivre trop scrupuleusement les règles que l'expérience et le raisonnement ont démontré être nécessaires pour bien écrire ; et les maîtres ne peuvent se dispenser d'en exiger l'observation, sans risquer de rendre inutile une partie de leurs soins.

Puisque la moindre gêne peut altérer sensiblement la délicatesse des mouvemens les plus simples , on doit avoir d'abord grand soin qu'aucune partie du corps ne soit dans une posture forcée ou contrainte.

On doit être assis commodément sur un siége qui. soit tel que les pieds puissent poser à terre, sans rester suspendus ou faire relever les genoux. Les jambes doivent être placées devant le corps , sans être étendues ni croisées, la gauche étant seulement un peu plus avancée.

La table ne doit être ni trop haute ni trop basse. Il faut que , lorsqu'on est assis devant, les deux coudes puissent glisser sur la surface, et ne faire que l'effleurer. Plus haute, elle forcerait à trop écarter les bras, gênerait les muscles, et rendrait le mouvement des doigts pénible ; plus basse , elle ferait courber le corps , surchargerait les coudes , et fatiguerait bientôt.

La tête doit être un peu inclinée en avant, sans pencher plus sur une épaule que sur l'autre.

Le corps, légèrement courbé en avant, sera éloigné de la table de quatre à cinq doigts du côté droit, et un peu moins du côté gauche, sans cependant la toucher. Ce serait une habitude aussi pernicieuse à la santé , que nuisible à l'exécution de l'écriture, que d'appuyer l'estomac contre le bord de la table.

Pour laisser plus de liberté au bras qui écrit, et pour le décharger d'une partie du poids du buste, le corps sera plus appuyé sur l'avant-bras gauche que sur le droit : on le tiendra, pour cet effet, entièrement sur la table ; on posera le coude sur le bord, et l'on portera le bout des doigts sur le papier sur lequel on écrit, pour le diriger et le fixer. On observera cependant que les jeunes personnes du sexe ayant le corps susceptible de se déformer par une attitude penchée, il serait à craindre qu'il ne leur restât l'habitude de porter une épaule plus haute que l'autre, si on les faisait pencher sur un côté. Elles tiendront donc leur corps droit, sans s'appuyer davantage sur le côté gauche. Elles s'inclineront seulement un peu en avant, en tenant les deux coudes également saillans hors de la table. (Voyez la planche I, où l'on a représenté ces deux attitudes ; l'inspection de la gravure en fera mieux sentir la différence.)

Le choix du jour ne doit pas être indifférent. On tâchera de l'avoir à gauche ; à droite il jeterait l'ombre de la main sur l'écriture, et en face il fatiguerait la vue.

POSITION DE L'AVANT-BRAS DROIT.

S'il est quelques parties du corps dont l'attitude ne doive pas être négligée, ce sont sur-tout celles qui contribuent le plus directement à tout opérer dans l'art de l'écrivain. La position de l'avant-bras droit, du poignet et des doigts , doit donc fixer plus particulièrement l'attention de ceux qui desirent se former une belle écriture. Rien de plus important que la situation de ces moteurs immédiats de la plume. On doit s'appliquer à leur donner toute l'aisance possible ; c'est pourquoi il a déjà été recommandé de décharger le bras qui écrit, d'une partie du poids du corps, en le faisant un peu plus porter du côté gauche. Mais , pour lui donner toute la liberté qu'il doit avoir dans les divers mouvemens qu'exige la formation des lettres, il faut sur-tout déterminer sa vraie position. Il serait cependant assez difficile de donner une mesure bien précise pour marquer à quelle distance du corps on doit le tenir, et l'on sent bien que cette distance n'est pas invariable, qu'elle dépend des sujets qui écrivent, et qu'elle doit être moins considérable pour un enfant que pour une personne plus avancée en âge.

Au surplus, il n'est pas nécessaire d'y employer une exactitude mathématique, qui est impossible ; il suffit de savoir que les méthodes qu'on peut prescrire ne sont que des limites du trop grand ou du trop petit éloignement du coude, qui seraient tous les deux également nuisibles, et que la juste position n'est pas un point indivisible qu'il soit absolument nécessaire de fixer.

Je crois donc déterminer avec assez de précision la situation de l'avant-bras, en prescrivant de tenir le coude éloigné du corps d'environ 5 à 6 doigts, et saillant hors de la table d'environ 3 doigts, et de ramener ensuite le bec de la plume vis-à-vis le milieu du corps.

Cette position sera la plus convenable qu'on puisse observer pour l'écriture bâtarde et pour la coulée. Pour faire la ronde, on écartera un peu plus le coude, et on le tiendra moins saillant hors de la table. Cette manière, aussi simple que sûre de déterminer la direction de l'avant-bras et du poignet, n'a pas besoin d'un plus long raisonnement pour être entendu ; et l'on conçoit parfaitement que la position des deux extrémités, c'est-à-dire du coude et du bout des doigts étant fixée de cette façon, il ne reste plus rien à desirer, puisqu'on ne saurait long-tems tenir l'avant-bras dans une mauvaise position, sans qu'aussi-tôt le bec de la plume ou le coude ne s'écarte des limites qui leur ont été prescrites.

On sentira facilement, sans qu'il soit nécessaire de le faire observer, que, si le coude était trop saillant hors la table, l'appui du corps sur l'avant-bras deviendrait fatigant; et que le poids de la partie extérieure balançant en quelque sorte le poignet, lui ôterait son à-plomb, rapprocherait trop le bec de la plume, et ferait regarder de près ; que si, au contraire, tout l'avant-bras se trouvait sur la table, il forcerait à tenir le bec de la plume trop éloigné, où à écarter davantage le coude, ce qui nuirait à la pente de l'écriture, et serait également incommode.

D'Autrèpe, dans son Traité sur l'art d'écrire, n'a pas cru devoir se contenter de la distance un peu trop indéterminée de quatre à cinq doigts, qu'on prescrit communément entre le corps et le coude ; et, chicanant même un peu trop sur la petite différence qui peut résulter dans la position de l'avant-bras par l'incertitude de largeur que peuvent avoir quatre à cinq doigts, *puisque*, dit-il, *toutes les mains ne sont pas égales*, il propose un moyen que je crois utile, quoique je ne pense pas comme lui qu'il fixe invariablement la juste position de l'avant-bras. Je vais ici le rapporter.

« Le papier sur lequel on écrit représente communément la figure d'un » parallélogramme, c'est-à-dire, un carré dont les côtés sont inégaux (tel
que

« que A, B, D, E, (planche II , figure 15). En coupant ce carré par une
» ligne tirée de l'angle gauche du haut du papier, et conduite à l'angle droit
» du bas , l'avant-bras, pour l'écriture française ou la ronde , doit être posé
» sur cette ligne, qui , en déterminant la situation oblique dans laquelle
» ce caractère doit être exécuté, fixe en même tems la juste distance qu'il
» doit y avoir de la partie inférieure du bras au corps. Mais, comme cet
» avant-bras ne peut pas rester dans la même ligne, on peut imaginer
» d'autres lignes parallèles (a, b, c, d, e, f, g, h) sur lesquelles il doit passer
» successivement en allant de gauche à droite ; et, quoique la main gauche
» ne soit pas toujours exacte à tirer le papier à mesure que la droite avance
» vers le bord opposé à celui d'où elle est partie, et que par conséquent
» l'éloignement de la partie inférieure du bras au corps paraisse et soit plus
» considérable qu'au commencement, cet éloignement n'entraîne après lui
» aucun inconvénient, dès que l'avant-bras ne se dérange pas de la direction
» prescrite par la ligne qui traverse le papier de l'angle gauche supérieur
» à l'angle droit inférieur, ou par ses parallèles. »

Mais, comme l'écriture bâtarde et coulée exige une certaine pente, on ne
pourrait les exécuter facilement dans une situation du bras aussi oblique
que celle qui vient d'être prescrite pour la ronde. Voici comment, selon
la méthode du même auteur, on détermine la ligne qui doit diriger l'avant-bras.
Du point C, où les deux lignes diagonales A E et B D se coupent, abaissez
sur le bas côté du papier la perpendiculaire C P sur P E, prenez la moitié
P Q (*), et par le point Q et le point C tirez la ligne C Q : cette ligne et ses
parallèles a' b' c' d' e' détermineront la direction de l'avant - bras pour la
bâtarde et la coulée.

Cette méthode, quoique bonne, n'est pas à l'abri de toute inexactitude,
comme le prétend son auteur. Elle se réduit , comme les autres, à un
à-peu-près, quoique cependant elle soit un peu moins vague. En effet, la
justesse de cette méthode dépend d'un certain rapport entre les côtés du
parallélogramme que présente le papier sur lequel on écrit, c'est-à-dire,
qu'il faudrait que la hauteur des feuilles surpassât toujours la largeur d'une
même quantité ; et cette quantité aurait dû être déterminée : autrement
on serait dans le doute si le papier sur lequel on écrit forme le parallélogramme
requis. Car supposons (fig. 16 , planche II) que E F C D représente en
petit le papier dont la largeur est en juste proportion avec la hauteur , la
ligne E D marquera alors la vraie position de l'avant-bras. Mais si la hauteur
est plus ou moins grande par rapport à la largeur, comme A C ou G C, il
est évident que les lignes A D et G D indiquent une fausse position. Il

---

(*) L'auteur avait dit de partager en deux parties égales l'angle P C E par un ligne C Q : mais,
outre qu'il est difficile de partager un angle quand on n'a aucuns principes de géométrie, cette
méthode induirait en erreur , et ne ferait pas assez écarter le bras ; puisque, si l'angle se trouvait
partagé en deux parties égales , la ligne C Q se rapprocherait davantage de la ligne C P.

D

faudrait donc indiquer quelle doit être la hauteur à raison de la largeur, pour faire cesser le doute. Pour moi, je crois que la hauteur du papier doit être d'une fois et demie la largeur, afin que cette méthode ait quelqu'exactitude. Il n'en restera pas moins encore un petit embarras pour savoir si le bras suit toujours bien les directions des diagonales, et s'il ne s'écarte pas du milieu de P E, lorsqu'il s'agit de trouver la position qu'exige l'écriture bâtarde et coulée.

La raison pour laquelle on prescrit de tenir l'avant-bras droit plus écarté pour l'écriture ronde que pour la bâtarde et la coulée, est que, ce premier caractère étant tracé verticalement, le mouvement des doigts serait gêné, et les effets de la plume forcés, si l'on n'écartait pas davantage le coude ; car alors on serait obligé de replier les doigts en dessous de la main, ce qui ne s'exécuterait qu'avec peine : au lieu qu'en prenant une nouvelle situation du bras, dont la direction fasse, avec la première, le même angle que la position inclinée des lettres bâtardes et coulées fait avec la position verticale de la ronde, cette dernière se tracera absolument avec la même aisance que la première, et avec le même mouvement des doigts. Pour mieux entendre ceci, représentons par A D (fig. 17, pl. II) la position du bras la plus commode pour former un trait oblique A B d'écriture bâtarde ; il est clair que, pour tirer un trait vertical A C de ronde avec la même aisance qu'auparavant, il faudra que la seconde position de l'avant-bras A D' forme, avec la première, l'angle D A D' égal à l'angle B A C que forment les deux jambages de l'écriture bâtarde et de la ronde.

Je me suis un peu étendu sur la position de l'avant-bras ; mais j'ai cru devoir m'y arrêter comme à un objet essentiel, et qui mérite toute l'attention de l'écrivain. Il est sur-tout important que les commençans, qui sont toujours très-disposés à transporter leur corps et leurs bras à droite et à gauche, et à les tenir dans toutes les situations les plus bizarres et les plus incommodes, sentent bien la nécessité d'une bonne position, et ayent sur ce point des principes exacts.

POSITION DE LA MAIN.

Quand le corps a été placé commodément, qu'on a donné à l'avant-bras droit la direction convenable, il faut encore observer quelques principes particuliers à l'égard du poignet. L'aisance dans ses mouvemens doit être telle, que l'action d'écrire ne paraisse qu'un jeu facile. On doit sur-tout éviter deux extrêmes également dangereux, l'un de renverser trop la main en dehors, et l'autre de la tenir trop en dedans. Lorsque la main est trop en dedans, on ne peut facilement plier assez les doigts pour former les parties inférieures des lettres ; si elle est trop renversée, le frottement qu'éprouve sur le papier le petit doigt, qui y est alors couché entièrement, nuit également à la liberté des mouvemens, qu'elle ne peut plus opérer que par le déplacement de tous les doigts.

On tiendra la main dans la direction de l'avant-bras ; elle sera posée sur le papier sans y toucher que par le bout des deux derniers doigts. Ils doivent, pour cet effet, être un peu repliés, et former avec la main une espèce de demi-cercle, qui ne touche le papier que par une extrémité, en laissant un petit jour plus grand vers le milieu, et réduit à une ligne à-peu-près vers la jointure du poignet et de l'avant-bras.

Le petit doigt et l'annulaire réunis ensemble doivent être séparés des trois autres qui tiennent la plume de la largeur d'un petit travers de doigt. Cette séparation doit être plus grande lorsqu'on veut former une lettre qui passe le corps de l'écriture.

TENUE DE LA PLUME.

La plume doit être tenue par les trois premiers doigts de la main, c'est-à-dire, par la pouce, l'index et le majeur, ou celui du milieu. L'index et le majeur doivent être joints ensemble, de manière à ne laisser aucun jour entr'eux. La plume, légèrement pressée contre ces deux doigts par le pouce, sera appuyée sur le majeur assez proche de l'ongle. De-là, elle s'étendra le long de l'index en le coupant très-obliquement, de manière à s'en séparer vers le milieu de la troisième phalange, c'est-à-dire, entre la deuxième et la troisième articulation. Le pouce, en pressant la plume contre les deux autres doigts, ne doit point les toucher, mais être un peu séparé de l'index et beaucoup plus encore du majeur ; ce qui doit s'exécuter en n'appliquant que l'extrémité du pouce qui est du côté de l'index. On observera d'avancer assez le bec de la plume au-delà du bout du doigt majeur, pour qu'il ne touche pas le papier en écrivant.

La plume étant tenue comme je viens de dire, il sera facile de déterminer le degré de renversement de la main qu'on doit observer, et que je n'ai point indiqué à l'article de la position du poignet, afin qu'on l'entendît mieux ici.

Je viens de dire que la plume, appliquée obliquement contre l'index, doit s'en séparer au milieu de la troisième phalange ; maintenant, pour que la main ait un juste degré de renversement, il faut que la plume, si on la suppose assez prolongée en ligne droite, aille effleurer le dehors de l'épaule. Si donc la direction s'écarte plus en dehors, la main est trop renversée ; si au contraire elle coupe l'épaule, la main est tenue trop en dedans.

Un défaut qu'on doit avoir soin de faire éviter aux commençans, c'est cette force qu'ils mettent dans la tenue de la plume, comme s'ils craignaient de ne pas la tenir assez solidement. De-là viennent la roideur de leurs mouvemens, et les efforts qu'ils font pour plier les doigts ; de-là encore la difficulté qu'ils ont de tenir leur plume dans la même inclinaison pour pouvoir toujours bien former les pleins.

DEUXIÈME PARTIE.

On ferait une grande erreur en se persuadant que, pour apprendre à écrire, il suffit d'avoir sous les yeux des modèles d'écriture, et de s'efforcer d'imiter la forme et les contours de chaque caractère. On ne peut espérer de réussir dans la configuration des lettres, que lorsqu'à la connaissance des premiers principes on réunira une pratique long-tems continuée. Ce serait en vain qu'on tenterait d'imiter servilement la forme régulière d'une exemple, ou même d'une seule lettre; on ne parviendra jamais à la rendre avec agrément, lors même que les contours en paraîtraient justes et exacts, si l'on n'a soin d'acquérir par l'usage cette liberté et cette aisance de mouvement qui caractérise une bonne écriture. On ne parvient qu'à produire des traits forcés et roides, qui ne naissent point des effets naturels de la plume, et qui n'ont copié de l'original que la forme, sans en avoir pris ni la grâce ni l'élégance. Ce n'est plus qu'un dessin pénible que la patience a produit, et auquel le feu et le génie de l'artiste n'on eu aucune part. On ne peut, par une semblable méthode, espérer de devenir jamais grand écrivain.

Il faut, dans le commencement, moins s'occuper à suivre exactement la forme des lettres dans leurs différens contours, qu'à étudier les effets de la plume, et essayer de les rendre avec facilité. On doit s'instruire dans les mouvemens nécessaires pour tout opérer, en s'exerçant à former séparément les élémens qui entrent dans la composition des lettres; car il serait ridicule de vouloir d'abord assembler les différentes parties d'une figure, avant d'en connaître la nature, avant de savoir comment elles s'exécutent.

DES POSITIONS DE LA PLUME.

On désigne par positions de la plume, les différentes situations que son bec peut avoir par rapport à la ligne verticale, ou à l'horizontale; c'est-à-dire, les différentes manières dont elle doit être tenue entre les doigts pour produire des pleins parfaits en différens sens.

On sent parfaitement que ces positions pourraient varier à l'infini; mais, comme le but qu'on se propose en écrivant est la facilité dans l'exécution, autant que la beauté des productions, on conçoit qu'il ne doit y avoir qu'un très-petit nombre de positions qui réunissent les avantages qu'on doit rechercher; car un art que tous les hommes sont appelés à exercer aussi bien que celui de la parole, doit nécessairement avoir pour base

une

une aisance dans les mouvemens , qui interdit tout ce qui , contrariant trop les facultés naturelles de nos membres , nous conduirait à des effets qu'on ne pourrait obtenir qu'avec quelques efforts. Le bon goût, d'un autre côté, proscrit sévèrement tout ce qui , ne présentant que de la bizarrerie ou de la confusion dans les produits , s'écarterait d'une agréable combinaison des pleins et des déliés.

Les auteurs varient sur le nombre des positions de la plume. On en distingue communément cinq , tant pour la formation des lettres mineures et majeures , que pour les traits d'ornement ; mais elles doivent être réduites à quatre , puisque la cinquième n'est presque pas en usage.

La première position de la plume est dite *à face* ; elle a lieu lorsque l'ouverture du bec est tournée du côté de l'écrivain , et que , posée sur une ligne horizontale *a b* (fig. 19, pl. III), si elle est mue verticalement, elle produit un trait C D de toute la largeur de son bec , que l'on nomme plein parfait : tandis que , si elle est mue horizontalement selon la ligne *a b*, elle ne produit, par son tranchant, qu'un trait fin *a b* , appelé *trait délié* ou simplement *délié*.

La seconde position est *l'horizontale*, ou *de travers*, lorsque l'ouverture du grand-tail de la plume est appliquée contre le doigt majeur , et que, mue horizontalement, elle forme un plein parfait C D (fig. 20), tandis que , mue verticalement, elle ne produit qu'un délié *a b*.

La troisième est la situation *oblique montante* (fig. 21), lorsque le bec de la plume n'est ni posé sur la direction verticale, ni selon l'horizontale , mais que sa direction *a b* s'en écarte plus ou moins, et que l'ouverture de la plume, appliquée comme auparavant contre le doigt majeur, se retourne un peu en haut : la plume alors, mue de gauche à droite en montant, produit un plein parfait, C D, et mue de côté, produit le délié oblique *a b*.

La quatrième position est *l'oblique descendante* (fig. 22), lorsque l'ouverture du bec de la plume regarde la direction du bras qui écrit, et que, mue dans cette direction, elle produit un plein parfait C D , et un délié oblique *a b*.

La cinquième position , qu'on nomme *inverse* , lorsque le dos de la plume est tourné du côté de l'écrivain , n'est pas en usage, et l'on peut se dispenser d'en parler.

De ces quatre positions, les trois premières ne sont en usage que dans la formation des majeures, des capitales et des traits d'ornement. La quatrième seule ou oblique descendante, est nécessaire pour la formation de toutes les mineures dans les diverses écritures : mais son degré d'obliquité varie ; il est plus fort pour la ronde que pour la bâtarde et la coulée.

Les diverses positions nécessaires pour la formation des majuscules sont indiquées sur chaque lettre. (Planche dernière.)

E

DU MOUVEMENT.

Lorsqu'on connaît la manière de tenir la plume, et les diverses positions qui lui conviennent, il ne reste plus qu'à apprendre à la mettre en mouvement, et à la conduire à volonté. Mais ce point est difficile ; il faut long-tems y travailler avant de pouvoir réussir.

Si j'étais instruit dans l'anatomie, ou si je croyais qu'il fût nécessaire de l'être pour mouvoir quelques-uns de nos membres, je tâcherais, à l'imitation de quelques auteurs de principes d'écriture, d'étaler mon savoir dans cette partie ; car ce serait bien ici le lieu de faire abstraction un instant des principes de l'écriture, pour ne s'occuper que des causes génératrices du mouvement. J'exposerais le système des muscles extenseurs et fléchisseurs, de ceux qui servent au mouvement et au repos. Je parlerais de ces glandes synoviales, qui, distillant une liqueur précieuse, donnent aux muscles et aux nerfs ce jeu simple et élégant qui produit tant de merveilles, lorsqu'elle est distribuée avec mesure. Mais, persuadé que le plus habile anatomiste serait incapable de produire le moindre mouvement, de former la lettre la plus facile par les seuls principes de son art, je crois qu'il est très-inutile d'en rien savoir pour bien écrire ; et les maîtres écrivains qui se sont amusés à grossir leurs livres de notions aussi étrangères à leur art, me paraissent avoir fait un étalage bien déplacé de leur savoir. Pour moi, je me contenterai de décrire les mouvemens qu'on doit opérer, sans rechercher les causes qui peuvent les produire.

Je distingue deux espèces de mouvemens dans la formation des lettres, le simple et le composé. Le mouvement simple est celui qui s'opère par la seule direction des doigts ou du poignet en quelque sens que ce soit; par les doigts, en les étendant ou en les fléchissant, pour former, par exemple, des traits droits, A B, (fig. 23, pl. III), tant en descendant qu'en remontant; par le poignet, en le transportant de droite à gauche, ou de gauche à droite, comme pour former les déliés, B C.

J'appelle mouvement composé, celui qui a lieu lorsque les doigts étant fléchis ou étendus, c'est-à-dire, mus de bas en haut, ou de haut en bas, changent encore de place ou d'inclinaison par le transport du poignet, ou par son renversement du dedans en dehors, ou du dehors en dedans.

Ce double mouvement est nécessaire pour maintenir la plume sur son plein, lorsque, dans la production des lignes courbes, le bec de la plume est transporté à droite ou à gauche pour former les différentes parties de ces courbes, sur-tout dans les rondeurs inférieures des f et des g. On sent en effet que la plume, étant tenue sur son plein pour former les parties droites de ces lettres, devrait nécessairement prendre une situation plus penchée, à mesure que le bec serait porté de côté, et qu'alors cette inclinaison de la plume étant plus forte que l'obliquité de son bec, elle ne devrait plus pouvoir former le plein en remontant qui se trouve dans la partie arrondie de ces deux lettres , si le poignet, en se renversant de droite à gauche, ne rétablissait la plume sur son vrai plein , à mesure qu'elle serait prête à le perdre par le transport du bec.

Pour rendre ceci plus facile à entendre , supposons qu'on veuille décrire une f, (fig. 18 , pl. II), et que l'on tienne la plume A C dans la position convenable pour tracer la partie droite A de l'f ; il est clair que si , sans changer le point C de la plume, c'est-à-dire la partie qui est au sommet du poignet, on se contente de porter le bec en B pour commencer l'f ; il est clair, dis-je, que l'inclinaison de la plume B C , différente de l'obliquité de son bec, ne la fera plus porter que sur l'angle gauche a , et ne pourra point former de plein en remontant ; de même , lorsqu'il s'agira de former la rondeur inférieure et le plein D , la plume , par sa trop grande inclinaison D C , ne portera plus que sur l'angle droit b. Donc, pour que la plume reste toujours sur son plein , il faut que le sommet du poignet C ramène la queue de la plume en E , tandis que les doigts portent le bec en B ; et qu'ensuite il décrive la ligne E C F , tandis que le bec de la plume , mue par les doigts , trace les différentes parties B A D.

Ce même effet a encore lieu , et le même mouvement doit être produit dans la formation des boucles des e, dans les têtes des c, quoique d'une manière moins sensible.

Cette attention de maintenir la plume sur son plein , en lui donnant toujours l'inclinaison convenable , pour qu'elle porte également sur les deux parties du bec , est des plus essentielles. Elle est d'une grande difficulté pour les commençans. Ils doivent donc s'exercer souvent à former des rondeurs d'une certaine étendue.

Quant au mouvement qui produit les lettres capitales, qu'on nomme grand mouvement , et que quelques auteurs regardent comme composé, je le mets au rang des mouvemens simples ; parce qu'il ne suffit pas, pour qu'un mouvement soit composé, qu'il y ait plusieurs agens qui le produisent, mais qu'il faut encore qu'il soit dirigé en divers sens. Or l'action des doigts, du poignet et du bras, dans la formation des lettres capitales , est unique ; toutes les forces tendent à chaque instant au même but : il est donc très-simple.

Pour produire ce mouvement, il faut de l'assurance et de l'habitude : la main doit légèrement être appuyée sur le petit doigt , et le bras être entièrement soutenu en l'air , parce que s'il touchait au papier, son frottement , quelque léger qu'il fût, empêcherait la rapidité de l'exécution, et nuirait à l'élégance des contours.

DES EFFETS DE LA PLUME.

Dès que la plume est mise en mouvement, on s'apperçoit bientôt que la trace qu'elle laisse n'est pas uniforme dans toutes les directions qu'on peut lui donner, et que la largeur du trait, qui égale celle du bec, lorsque la plume est mue perpendiculairement à sa position, n'est plus qu'une légère trace, lorsque le mouvement qu'on lui imprime lui fait suivre la direction même de sa position, comme il a été expliqué à l'article des positions de la plume. Mais elle peut produire une infinité d'effets différens et intermédiaires entre le plein parfait et le délié, selon que, dans sa course, sa direction devient plus ou moins oblique par rapport à sa première position. Il est évident, en effet, que si le bec de la plume (fig. 24 et 25, pl. III) étant posé sur la ligne A B, vient à être dirigé le long de cette ligne, toutes les parties de ce bec passeront sur la même trace, et ne marqueront qu'un délié assez fin ; mais si le mouvement imprimé à la plume l'écarte de cette première direction et la porte de C en D, en E, ou en F, cette trace augmentera en largeur à mesure que la nouvelle direction approchera davantage de la perpendiculaire C H, qui seule formera le vrai plein. Ce plein ne sera vertical, comme dans la figure 24, que lorsque la position de la plume sera à face. Mais si la position est oblique, comme dans la figure 25, le plein parfait ne sera point le trait vertical C G, mais bien le trait C H qui est incliné sur le vertical ; d'où il est aisé de conclure qu'il n'y a point de plein parfait dans toutes les parties droites des lettres des différentes écritures, puisqu'elles se font toutes dans une position de plume plus ou moins oblique, et que les parties droites de ces lettres ne sont jamais perpendiculaires à cette position. Les vrais pleins ne se trouvent donc que dans quelques petites parties courbes, dont la direction se trouve perpendiculaire à la position de la plume. Mais ceci se comprendra encore mieux par l'inspection de la figure 26. Que la ligne A B indique la position oblique de la plume, qui, partant du point A, change successivement de direction dans sa course aux points D, E, F, H ; il est évident qu'elle formera, à chaque changement de direction, un trait dont la largeur augmentera ou diminuera, selon que les directions s'approcheront ou s'éloigneront de la perpendiculaire C H, et que la seule portion F H, qui a une direction perpendiculaire à la position de la plume, sera le plein parfait.

Si l'on suppose maintenant que la plume, mue d'un mouvement continu, change à chaque instant de direction, et décrive un trait courbe tel que G I A, il est clair qu'il n'y aura aussi de plein parfait dans la courbe, que dans la petite partie I, dont la direction, si elle était prolongée en ligne droite, tomberait perpendiculairement sur la ligne A B, qui indique la position de
la

la plume; d'où l'on voit que ce plein n'est point vertical, non plus que celui qui lui est opposé dans la première partie de la figure. ·

Il est aisé de conclure de cette gradation insensible dans la largeur de la trace que laisse le bec de la plume, lorsque le mouvement qu'on lui imprime lui fait décrire quelque courbe, que les effets de la plume seraient innombrables si l'on voulait tous les distinguer; mais on se contente d'en remarquer quelques-uns, ceux qui sont les mieux caractérisés. Quelques auteurs réduisent cette multitude d'effets à deux, le plein et le délié. D'autres, croyant reconnaître une partie intermédiaire entre ces deux effets de la plume, et dont les nuances sont bien distinctes, l'ont désignée par le nom de plein naissant ou finissant.

Je suis de l'avis de ces derniers, et, avec eux, j'appelle plein naissant ou finissant cet intervalle qui sépare le délié du plein, quoiqu'il ne soit pas aisé de déterminer dans le cours continu d'un trait courbe le véritable point de séparation.

Mais il est nécessaire d'observer que, par plein de la plume, on n'entend point ordinairement le plein parfait, qui, comme je l'ai démontré, ne se trouve que dans quelques petites parties courbes des lettres, mais seulement le trait le plus large que puisse produire une plume, mue selon la pente que doivent avoir les caractères des diverses écritures, tels que C G, fig. 25, pour la ronde, et C G, fig. 24, pour la bâtarde. Ainsi tous les jambages ou parties droites des lettres mineures, toutes les parties courbes dont la direction est parallèle à la pente nécessaire à l'écriture, seront regardées comme des pleins.

On doit instruire de bonne heure les commençans des effets de la plume; on doit sur-tout les exercer dans la pratique des figures les plus propres à les leur faire bien sentir; c'est pourquoi on les exercera long-tems sur les planches V, VI, VIII et IX.

DES ÉLÉMENS DES LETTRES

ET DES FIGURES RADICALES.

Toutes les lettres majeures et mineures sont formées des mêmes élémens, c'est-à-dire, de traits droits et courbes diversement combinés dans leurs formes ou leurs situations.

La ligne droite n'étant qu'une, le trait droit qui entre dans la composition des lettres, est aussi unique. Il ne peut varier que par sa situation.

La ligne courbe, au contraire, peut varier à l'infini dans la forme de sa courbure. Les traits courbes, si souvent employés dans la composition des caractères des différentes écritures, pourraient donc être très-multipliés; mais comme cette multiplicité de parties courbes de différente nature, nuirait à l'élégante simplicité des caractères, et entraînerait de la confusion dans

F

les règles nécessaires pour les déterminer, on les a toutes réduites au cercle et à l'ovale, dont la grandeur et la position sont plus faciles à fixer. Quoiqu'il semble d'abord que les divers contours des lettres, sur-tout des majeures, s'écartent beaucoup des deux seules espèces de lignes courbes dont je viens de parler, il est aisé néanmoins de concevoir, qu'en partageant en diverses portions la lettre même la plus composée, chacune de ses portions peut n'être qu'une ligne droite ou quelque partie courbe, ovale ou circulaire. Par exemple, si l'on demande comment les deux B majeurs (fig. 33 et 34, pl. III) peuvent ne renfermer que des courbes de la nature du cercle ou de l'ovale, unies à des parties droites; partageons ces lettres en différentes portions; on voit clairement que les différentes parties du B (fig. 33) forment des arcs de cercle dont on a fini les rondeurs par de petits points, et que dans le B (fig. 34) les différentes parties sont des ovales, dont les courbures sont aussi fermées par de petits points. Enfin on distingue dans ces deux lettres une partie droite (1 , 2) terminée par deux courbes, et qui forment dans leur ensemble ce qu'on nomme un trait mixte.

Tel est un des premiers moyens que les maîtres de l'art ont employé pour régler la forme des lettres. Il suffit donc de jeter un coup-d'œil sur les planches, où sont représentées toutes les lettres avec leurs démonstrations, pour connaître la nature de chacune de leurs parties, sans qu'il soit nécessaire d'en donner une explication détaillée. Il ne reste plus qu'à déterminer leur position respective et leurs dimensions, pour qu'il n'y ait rien d'arbitraire dans leur ensemble. Mais auparavant, il faut considérer la forme des lettres sous un nouveau point de vue.

Après avoir examiné les effets de la plume selon ses dispositions, et selon les directions qu'on pouvait lui faire prendre, et après avoir réduit à trois espèces de lignes seulement, les contours que doit suivre la plume dans la formation des lettres, il sera facile de déterminer la nature des traits qu'elle produit dans ces trois cas particuliers.

Deux lettres seules, l'I et l'O, suffisent pour cet effet; car elles renferment tout ce que la plume peut exécuter dans la formation de toutes les lettres de l'alphabet. Aussi les nomme-t-on vulgairement *figures radicales*.

D E L' *I*.

L'I (fig. 27 , pl. III) est composé de quatre parties : La première (1) est un délié produit par le tranchant de la plume, qu'un mouvement vif des doigts porte de gauche à droite, en arrondissant un peu. Dans la fig. 27, il a été tracé droit, afin de marquer l'obliquité de la position de la plume. Ce délié précède également tous les premiers jambages des lettres qui ne sont pas unies à d'autres par des liaisons.

La seconde partie (2) est un trait plein, qui n'est cependant pas parfait, puisqu'il est tracé obliquement à la position de la plume ; mais il est de la même nature que tous les pleins des jambages des autres lettres. Cette partie droite se fait en repliant les doigts, en descendant la plume dans une direction toujours également oblique à sa position, dans la ronde comme dans la bâtarde et la coulée ; de sorte que l'angle aigu a au sommet du jambage, doit être égal dans les deux espèces de lettres, quoique pour la ronde il soit plus élevé au-dessus de l'horizontale que pour la bâtarde, ce qui vient de ce que la position de la plume forme avec l'horizontale un angle plus grand.

La troisième (3) est un plein finissant, ou la diminution du plein jusqu'au trait fin, qui forme la quatrième partie. Ce plein finissant se forme en arrondissant le trait par un mouvement de gauche à droite.

L'I dans cette partie offre le modèle de toutes les rondeurs qui se trouvent à la base des jambages de quelques lettres. Cette rondeur doit avoir un bec et demi de diamètre ; de sorte qu'entre deux jambages, comme ceux de l'u bâtard, on peut placer deux de ces rondeurs.

La quatrième (4) est un trait fin, nommé liaison, parce qu'il sert à unir les lettres les unes aux autres dans la composition des mots. Sans liaison, les lettres n'offriraient qu'un aspect sec et aride, sans grâces ni délicatesse.

La liaison doit être toujours un peu courbe pour avoir plus d'agrément, et doit remonter jusqu'au sommet de la lettre qui la suit, et avec laquelle elle ne doit point se confondre trop brusquement.

Cet effet de la plume exige autant de mollesse dans les mouvemens, que de souplesse dans les doigts. Il se produit par un léger transport de la plume de gauche à droite en remontant. Il faut un peu renverser la main en dedans, afin que le bec de la plume ne porte plus que sur un seul angle, et produise ce trait avec plus de légèreté.

D E L' O.

Presque tous les auteurs, avant d'entrer dans l'exposition des principes de l'O, ont cru nécessaire d'examiner de quelle figure il dérivait. Les uns ont voulu qu'il dérivât d'un quarré, d'autres d'un exagone ; il en est qui ont prétendu que c'était d'un octogone. Pour moi, qui pense que l'éclaircissement de cette question est assez inutile, je me contenterai d'observer que la nature de la courbe qui constitue l'O lui est trop particulière, pour que la comparaison qu'on pourrait en faire avec un polygone d'un petit nombre de côtés, puisse servir à autre chose qu'à en déterminer quelques points ; car, pour les effets de la plume en traçant cette lettre, ils ne dépendent point de la forme qu'elle a pu avoir primitivement, mais uniquement de la position de la plume et de la direction qu'on peu lui donner en l'écrivant. Les principes généraux que j'ai posés sur cet article, suffisent pour bien faire sentir ces effets. J'entrerai donc tout de suite dans la description des différentes parties qu'on y distingue.

Quelques écrivains renommés qui ne reconnaissaient que deux effets de la plume, le plein et le délié, ont dû naturellement ne trouver dans l'O que quatre parties, qu'ils ont comparées aux quatre parties similaires d'un quarré qui aurait été circonscrit à cette lettre (fig. 28) (*). Mais comme je distingue de plus avec quelques auteurs modernes, les pleins naissans et les pleins finissans, je remarque huit parties dans l'O ; savoir, quatre d'un côté, et quatre semblables de l'autre, diamétralement opposées.

La première (1) (fig. 29) est un délié d'un bec de plume de large, produit par le mouvement oblique de la plume en descendant à gauche ; et l'autre semblable (1'), produit par un pareil mouvement, mais à droite et en remontant un peu.

La seconde (2) est un plein naissant d'une étendue assez considérable produit par un mouvement moins oblique que le précédent. L'autre partie semblable (2'), et produit par un mouvement dont l'obliquité est égale, mais en remontant.

La troisième (3) est un plein assez court, et produit par un mouvement presque perpendiculaire à la ligne qui marque la position de la plume ; l'autre plein (3') est semblable, et produit en remontant.

Si l'on voulait distinguer le plein parfait, comme dans la figure 30, il serait le produit du mouvement perpendiculaire à la position de la plume. Cette partie est très-courte.

La quatrième partie (4), est le plein finissant, beaucoup plus court que le plein naissant ; il est produit en ramenant la plume à droite : et un plein finissant (4') semblable, mais produit par un mouvement à gauche.

L'O est donc formé de deux portions de courbe dont les concavités se regardent, et sont formées d'un mouvement continu ; les parties à gauche, en descendant et en pliant les doigts ; et les parties semblables à droite, en dépliant les doigts et en remontant.

L'O de l'écriture ronde et celui de la bâtarde renferment tous les élémens des parties courbes des lettres, tant majeures que mineures ; il est donc essentiel de bien savoir les former. Mais cette figure est des plus difficiles à exécuter ; elle exige une grande application et un travail long-tems soutenu.

DU TRAIT MIXTE.

Le trait mixte (fig. 31) ne doit point être regardé comme figure radicale, ainsi que quelques-uns le prétendent, non plus que le trait spiral (fig. 32).

(*) Outre que cette manière de démontrer l'O n'en saurait donner une idée assez approchée, la situation de la plume à face, en produisant le quarré, comme le remarque Bedigis, ne convient point à l'O, qui l'exige oblique ; et les déliés horizontaux du quarré ne peuvent représenter ceux de l'O, qui suivent l'obliquité de la position de la plume.

Le

Le premier, qui est formé d'une partie droite entre deux courbes, peut se construire avec les mêmes élémens dont j'ai parlé ci-devant, puisque les deux parties courbes sont ou des portions de cercle dans l'écriture ronde, ou des portions d'ovale dans l'écriture bâtarde et coulée; et le second, ou trait spiral, peut aussi être décomposé en parties qui appartiennent toutes au cercle ou à l'ovale. Mais comme ces deux espèces de courbes sont toujours employées avec le même ensemble de parties dans la composition des lettres, il est nécessaire non seulement de les bien connaître, mais encore de les bien savoir tracer. On doit donc beaucoup s'appliquer, dans les exercices préparatoires, à ces deux figures, qui donneront une grande flexibilité aux doigts.

DE LA MESURE DES LETTRES.

Il ne suffit pas de connaître les élémens des lettres, et de savoir assembler les différentes parties dont elles sont composées; on sent qu'il reste encore quelque chose à apprendre, c'est la situation dans laquelle il faut les tracer, et les dimensions qu'on doit respectivement leur donner dans la composition de leur ensemble.

Les parties droites, comme il a été dit, peuvent avoir différentes positions; et les parties courbes, sans s'écarter de la nature du cercle et de l'ovale, peuvent cependant varier dans leurs proportions respectives, et dans leurs degrés de courbure, qui dépendent de leurs différens diamètres.

Pour poser quelques bornes aux variations que pourrait leur faire subir l'inexpérience que rien ne guiderait, on a imaginé de comparer toutes les lettres majeures et mineures, et leurs différentes parties, à des lignes droites dont la position fût fixe. Ces lignes sont les horizontales et les verticales, ou des lignes obliques, dont l'obliquité est déterminée par une mesure connue; de sorte qu'il ne reste plus d'incertitude sur l'étendue à donner à chaque partie des lettres.

Prenons pour exemple un B majeur de l'écriture ronde et de la bâtarde (fig. 33 et 34). Le degré de courbure de chaque portion de ces figures est déterminé, comme nous l'avons vu, par les points qui finissent chaque courbe; mais il reste encore à limiter leur étendue. On partage alors ces lettres par des lignes droites b, c, d, etc. qui, renfermant dans un certain espace leurs différentes parties, fixent les rapports qu'elles doivent avoir entr'elles.

Ces lignes ne sont point verticales pour les caractères qui ont une position inclinée, comme dans la figure 34, parce qu'on les employe dans ce cas, non seulement à marquer les proportions des diverses parties des lettres, mais encore pour fixer la pente qu'on doit leur donner en les traçant. La pente se trouve en comparant les lignes inclinées à une verticale a b, comme on le verra lorsqu'il sera parlé de la pente des lettres; et déjà l'on s'apperçoit qu'elle n'est point arbitraire, puisqu'on la fait dépendre d'une verticale dont la position ne peut être incertaine.

Cette division des lettres forme leur mesure, qu'on appelle aussi corps de lettres. Elle dépend de la largeur deec bec de la plume avec laquelle on écrit, et elle contient un certain nombre de fois la largeur du bec. Quoique ce nombre, considéré en lui-même, soit arbitraire, il est certaines limites dont on ne pourrait s'écarter sans rendre l'écriture difforme et choquante. Le bon goût, l'autorité des plus habiles maîtres, juges en cette partie, et l'usage, en ont fixé depuis long-tems les proportions. Ce n'est pas cependant que ces dimensions soient entièrement invariables, et les maîtres écrivains diffèrent souvent dans le nombre des becs qu'ils leur donnent; mais la quantité dont ils varient, n'est pas assez considérable pour rendre les caractères décidément désagréables à la vue.

Je donnerai, à l'article de chaque écriture, les dimensions que j'ai adoptées; et les planches V, VI, VII, VIII, IX et X, qui contiennent les alphabets mesurés, me dispenseront d'entrer dans les détails de chaque lettre en particulier.

Les lettres sont mesurées, non seulement en largeur, comme nous venons de le voir, mais encore en hauteur; et ce sont alors des lignes horizontales que l'on emploie à cet effet, et quelquefois des lignes obliques, qui suivent l'obliquité de la position de la plume. Voyez planche V et suivantes.

Quant aux légers traits dont on accompagne la base et le sommet des lettres, comme dans les planches, IV, V, VI, VII, VIII, IX. ils servent seulement à marquer le degréd'obliquité de la position de la plume.

Il faut observer néanmoins qu'une trop servile observation des proportions nuit souvent à la liberté, qui fait une grande partie de la beauté de l'écriture. Une main hardie donne plus de grâce à ses productions, quoiqu'elle s'écarte quelquefois des règles dans la rapidité du mouvement.

DU DÉGAGEMENT DES DOIGTS.

Lorsqu'on écrit plusieurs lettres de suite, on s'apperçoit bientôt que, si la main reste à la même place, le mouvement devient gêné, et que la plume, changeant d'inclinaison, ne reste plus sur son plein. On est donc obligé de faire un petit mouvement qui transporte le poignet à droite, à mesure que la plume avance d'une certaine quantité.

Ce petit mouvement, qu'on appelle dégagement, s'opère en retirant les deux doigts sur lesquels s'appuye la main, et en les portant à droite, toujours dans une direction horizontale, en les faisant passer successivement sur une ligne parallèle à celle qui détermine la position de l'avant-bras.

Le dégagement dans l'écriture ronde et coulée se fait au sommet des jambages, c'est-à-dire, après que les doigts, en se dépliant, ont porté la liaison d'un premier jambage au sommet d'un suivant. Ainsi il faut se représenter que les doigts d'abord placés sur la parallèle marquée *a* (fig. 15, pl. II) passent successivement sur *a*, *b*, *c*, *d*, lorsque la plume est en repos au sommet des jambages des *m*.

Dans l'écriture bâtarde, ce dégagement doit se faire au bas des premiers jambages des *m*, et au sommet des *i*, en un mot, dans toutes les parties angulaires des lettres, et jamais dans les rondeurs ; car, comme ce mouvement exige que la plume s'arrête un peu, les rondeurs seraient infailliblement manquées si on s'y arrêtait pour dégager les doigts. Les parallèles à droite, dans la figure 15, planche II, marquées a' b' c' etc. indiquent le dégagement pour l'écriture bâtarde).

DES DIFFÉRENTES ESPÈCES D'ÉCRITURES.

Trois espèces de caractères sont en usage en France pour écrire ; le caractère rond, le bâtard et le coulé ; ce qui forme trois genres d'écritures, qui ont chacune leur avantage, et qui méritent d'être cultivées. Elles ont aussi quelques principes particuliers. Je traiterai de chacune à part. Quant à l'expédiée, elle ne forme pas une écriture différente ; elle n'est que la coulée écrite plus librement. J'en dirai un mot ensuite.

DE L'ÉCRITURE RONDE.

L'écriture ronde, autrement française, est ainsi nommée, à cause de la forme de ses caractères, qui ont autant de largeur que de hauteur, et dont les parties courbes se rapprochent davantage du cercle que de l'ovale. Elle est assez agréable, quand elle est bien faite, et s'emploie avantageusement dans la formation des états ou tableaux.

Pour former cette écriture, le bec de la plume doit avoir peu d'obliquité. Voyez-en la figure, planche I.

Sa tenue est aussi différente de celle qui convient aux autres écritures. Les doigts qui la tiennent, doivent être un peu repliés et la main moins renversée, de manière que la plume soit plus droite, et quitte le doigt index avant le milieu de la troisième phalange. L'expérience m'a appris que cette attention facilitait singulièrement la formation de ce caractère, qu'un grand nombre de personnes ont de la peine à exécuter, parce qu'elles se contentent d'écarter un peu plus le coude, comme il a été prescrit à l'article de la position de l'avant-bras.

La position de la plume est très-oblique, et doit être telle, que l'angle droit *a* de son bec, soit plus élevé que l'autre de la largeur même de ce bec. (Fig. 27, pl. III.)

Les caractères de cette écriture sont tracés verticalement, c'est-à-dire, ne penchant ni d'un côté ni de l'autre.

Leur largeur est égale à la hauteur, de sorte qu'ils doivent être renfermés dans un quarré (fig. 35.) La hauteur est de cinq becs de plume, et la largeur aussi de cinq, y compris la largeur des deux côtés de la lettre. L'inspection de la planche V pour les mineures, et de la planche VII pour l'alphabet des lettres majeures, suffira pour donner une exacte connaissance de toutes les lettres, et de la formation de leurs différentes parties. Leur mesure et leurs proportions respectives y sont déterminées par de légers traits, et les différentes rondeurs par de petits points.

Dans l'alphabet des mineures, les lettres y sont toutes à double, les unes à traits pleins, les autres à traits vuides, afin de mieux faire sentir les pleins et leur étendue, ainsi que les déliés.

L'écriture ronde est celle par laquelle il convient de faire commencer ceux qui veulent apprendre à écrire, soit parce que, la plupart ayant le défaut de renverser trop la main, ou de coucher trop leurs lettres, cette écriture leur fait prendre l'à-plomb convenable; soit encore parce que, l'écriture coulée étant celle qui est généralement adoptée dans l'usage de la vie, il est nécessaire d'en apprendre de bonne heure la forme, et que l'écriture ronde en approche davantage que la bâtarde. En effet, celle-ci n'a guère de commun avec la coulée que la pente, tandis que la ronde en a presque toutes les formes, et s'exécute, à la pente et à l'obliquité de la plume près, de la même manière.

Pour commencer cette écriture, on formera d'abord des traits droits, et tirés bien verticalement; on passera ensuite à la formation des pleins et des déliés réunis, comme dans la première partie de la fig. 23, pl. III, ce qui conduira à la connaissance des effets de la plume. Quand on sera parvenu à bien faire sentir les pleins et les déliés, et à les placer convenablement, on s'exercera sur les rondeurs et sur les différens exercices de la planche VI.

On ne doit essayer de passer à la formation de toutes les lettres, que lorsqu'on est bien en état de former toutes les parties dont elles sont composées. On doit même, pour s'y préparer, passer le bec de la plume sans encre sur de bons modèles, ce qui accoutumera les doigts aux mouvemens nécessaires pour suivre leurs différentes formes.

Il ne faut point regarder comme tems perdu, celui qu'on emploie dans ces préludes; et c'est un préjugé trop ordinaire aux commençans, de croire qu'ils doivent tout de suite former des lettres. Souvent même ils pensent qu'il est inutile de s'arrêter long-tems aux gros caractères, parce que l'on ne se sert communément que de l'écriture fine. Mais comment faire contracter aux doigts la souplesse nécessaire, sans les avoir long-tems exercés à des mouvemens assez grands pour vaincre leur roideur naturelle ? Comment reconnaître la vraie forme des caractères, si on ne l'a étudiée dans des figures assez étendues pour rendre sensibles les moindres défauts ? Comment, en un mot, assembler des élémens qu'on ne connaît presque pas ? Pour se convaincre de la nécessité de commencer par bien former les gros caractères,

on

on n'a qu'à considérer l'écriture de ceux qui ont passé trop rapidement sur les premiers principes ; leur écriture est uniforme et sans grace ; tous les effets de la plume y sont confondus, et souvent rien n'est lisible.

Quand on saura bien former les lettres séparément, on passera aux alphabets et aux mots, comme dans la planche VI et XII ; et, diminuant le caractère à mesure que l'on deviendra habile, on ne passera à la fine que lorsqu'on saura bien exécuter la grosse. La marche que je prescris pour l'écriture ronde doit être également suivie pour les autres écritures.

DE L'ÉCRITURE BATARDE.

L'écriture bâtarde, autrement dite italienne, a un avantage bien précieux, celui d'être très-lisible ; tous ses caractères sont très-distincts dans leur forme particulière, et très-simples dans leurs contours.

Cette écriture se trace dans une situation penchée et avec une plume dont le bec doit être coupé plus obliquement que pour la ronde. (V. pl. I.)

Le coude est moins éloigné du corps que pour la ronde, et la main un peu plus renversée, comme il a été enseigné ci-devant à l'article de la position de l'avant-bras.

La position de la plume est oblique, de manière que l'angle droit du bec, c'est-à-dire, celui qui est du côté des doigts, soit plus élevé que celui qui est du côté du pouce, d'un demi-bec de la plume. (Voyez la seconde partie de la fig. 27, pl. III.)

La pente de ce caractère, mesurée par rapport à la verticale élevée sur l'extrémité inférieure du jambage, est de trois becs de la plume (v. fig. 36); la hauteur des lettres est de huit becs, et leur largeur de cinq, y compris les deux jambages ; de sorte que le corps des lettres peut être renfermé dans un quarré parfait, puisque les cinq becs qu'elles portent de largeur, ajoutés avec les trois becs de pente, font un espace égal à celui de la hauteur, qui est de huit becs.

On verra dans la planche IV les distances qu'on doit observer entre chaque caractère, tant pour la ronde que pour la bâtarde.

Quant aux autres détails sur différentes lettres, telles que celles qui sont prolongées, soit inférieurement, soit supérieurement, l'inspection de la planche VIII suffira pour en donner des notions exactes, et la planche X fera suffisamment connaître les majeures. On suivra, dans l'étude de cette écriture, la même marche qui a été prescrite pour la ronde.

DE L'ÉCRITURE COULÉE.

L'écriture coulée, ainsi nommée de la forme de son caractère, qui a moins de rondeur que les deux écritures précédentes, est celle qui est le plus en usage. La célérité de son exécution est son principal mérite ; c'est ce qui la fait préférer. Plus légère que la ronde, moins élégante que la bâtarde, elle a quelques rapports avec la première par la forme de ses carac-

H

tères, se rapproche de la seconde par sa pente et ses dimensions, et elle offre plus de facilité que toutes les deux à la rapidité des mouvemens : mais elle n'est pas assez lisible, et c'est un grand inconvénient.

Cette écriture se forme, comme je viens de le dire, dans la même situation de plume et de bras que la bâtarde. Elle a la même pente et les mêmes dimensions, c'est-à-dire, qu'elle a huit becs de hauteur, cinq de largeur, et trois de pente. Les liaisons des *m* et des *n* ne sortent point du milieu du jambage, comme dans la bâtarde ; mais elles partent de la base même, qui doit être très-peu arrondie, excepté le dernier qui doit l'être davantage.

Les boucles des *b*, des *h* et des *l* se forment comme celles des *e*, ont les mêmes effets de plume, et doivent commencer au tiers de la partie supérieure.

Les divers modèles instruiront suffisamment de ce qu'il y a de particulier dans la forme de quelques autres lettres. (Voyez les planches de coulée.)

Les autres principes étant les mêmes que ceux de la bâtarde, je me dispenserai d'entrer dans un plus grand détail.

On commencera cette écriture par des jambages liés ensemble ; on passera ensuite aux lettres bouclées, telles que les *l*, *h*, *b*, *f*, et on ne s'exercera sur les modèles des planch. XIX et XIV que lorsque l'on saura bien former toutes les lettres.

DE L'ÉCRITURE EXPÉDIÉE.

L'EXPÉDIÉE n'est point une espèce d'écriture particulière ; ce n'est que la bâtarde ou la coulée écrite avec plus de rapidité. Elle n'a point de principes particuliers ; elle exige de la part de l'écrivain plus de légèreté dans les mouvemens, et sur-tout une grande habitude. Pour parvenir à cette écriture, il n'y a donc d'autres difficultés à surmonter, que celles qui viendroient du peu d'usage. C'est pourquoi on ne doit passer à cette écriture que lorsqu'on est déjà habile dans la posée, pour en bien observer les formes et les principes, dont on ne doit pas trop s'écarter, même dans la plus prompte exécution.

On préludera dans cette écriture par quelques exercices, tels que les *f*, les *p*, etc. qui, jetés un peu négligemment, et quelquefois au-delà des proportions prescrites pour les écritures posées, donnent à celle-ci un abandon gracieux et une aisance qui en font le principal ornement.

On observera que, pour expédier plus facilement, la plume doit être un peu plus fendue que pour les écritures posées, son bec aussi un peu plus long, et coupé quarrément. (Voyez pl. I.)

La main doit être aussi un peu plus en dedans, et la plume tenue plus longue, c'est-à-dire, plus prolongée au-delà du doigt majeur.

Pour ne point oublier les principes en apprenant à expédier, on reviendra de temps en temps aux écritures posées ; autrement, ce que la main gagnerait en vîtesse, elle le perdrait en régularité ; et, sans l'observation des règles essentielles, il n'est point d'écriture qui puisse mériter quelque attention.

DES LETTRES MAJEURES ET DES CAPITALES.

Les lettres majeures sont ainsi appelées, parce qu'elles sont plus étendues que les autres lettres, qui sont nommées mineures par rapport aux
premières. Leur forme est un peu moins simple que celle des mineures.
Il faut, pour leur donner de la grace, plus d'habitude et de la hardiesse,
sans s'écarter des proportions que les règles prescrivent : je dis sans trop
s'écarter des proportions, parce que leurs contours, qui veulent une grande
aisance de mouvement, perdraient souvent de leur beauté si la main était
toujours trop scrupuleuse sur les règles.

Les majeures s'exécutent ou à main posée, par le mouvement libre des
doigts, ou à main levée, par le mouvement du bras et du poignet. Mais
on ne doit les exécuter de cette dernière manière, que lorsqu'on se sera
exercé assez à les former avec facilité et précision à main posée.

Pour s'y préparer, on fera quelques exercices de lignes mixtes et de spirales,
qui sont les principaux élémens des lettres majeures et capitales.

Les situations de la plume, pour les lettres majeures, se réduisent à deux ;
toutes les parties où entre la ligne mixte, et qui se commencent par le
haut, se font dans la première position.

Celles qui se commencent par le bas, se font dans une situation beaucoup plus oblique.

Les majeures ont trois corps de hauteur, c'est-à-dire deux corps au-
dessus de la ligne des mineures, et celles qui passent en-dessous en ont
cinq. Chaque corps est de huit becs de plume.

Leur pente est la même que celle des mineures, et se détermine de la
même manière, comme je l'ai dit à l'article de la mesure des lettres.

Leurs formes et autres proportions sont suffisamment détaillées dans
les alphabets des planches.

Les majeures s'emploient au commencement des phrases et au commencement des noms propres d'hommes, de peuples, de pays, de dignités.

Les capitales, autrement dites majuscules, sont les grandes lettres que
l'on met au commencement d'un ouvrage ou d'un titre. Leur étendue
doit être proportionnée à la grandeur du caractère qu'on écrit, sans cependant que l'artiste soit astreint à des règles aussi exactes que pour les
majeures ou les mineures. Elles se mesurent par corps : mais le corps de
hauteur n'a point un nombre fixe de becs de plume; il est plus ou moins
grand selon la grandeur de la lettre.

Ces lettres se font avec la plume à trait. (Voyez planche I.) Cette
plume est très-fendue, taillée en fausset, c'est-à-dire ayant les carnes peu
évidées et tout d'une venue, et le bec coupé quarrément.

On doit avoir soin de tenir ces plumes toujours dans l'eau, afin qu'elles
soient plus souples, et forment plus facilement les pleins forcés.

Les majuscules ne peuvent s'exécuter qu'à main levée, par le mouvement de la main, du poignet et de l'avant-bras; ce que l'on appelle grand mouvement. La main, légèrement appuyée sur le petit doigt, effleurera seulement la table en glissant par-dessus. Ces lettres exigent, de la part de l'artiste, beaucoup de hardiesse et une grande habitude pour les jeter avec justesse et les faire régulières. Il doit juger d'avance de l'effet qu'elles doivent produire, et les voir pour ainsi dire avant qu'elles soient faites; autrement il risquerait de les rendre choquantes par quelque irrégularité.

On verra dans la dernière planche des modèles de ces lettres. Les chiffres qui sont marqués dessus indiquent la position de plume dans laquelle elles s'exécutent. On observera que les lettres majuscules se mettent autant qu'il est possible dans la marge, et qu'on ne commence les lignes de la page qu'en dessous de la terminaison de la capitale. (Voyez les pièces de cet ouvrage.)

DE L'ORDRE.

Lorsqu'on est parvenu à tracer les lettres avec justesse, et à les assembler selon les principes, le point essentiel auquel on doit s'efforcer de parvenir, est, sans contredit, de donner à son écriture une forme aussi agréable dans son tout, que dans ses différentes parties.

Ce serait en vain qu'une main habile produirait des caractères réguliers, qu'elle chargerait ses ouvrages d'ornemens exécutés avec adresse; si le goût et l'intelligence ne la dirigent, ses plus belles productions manqueront encore de ce qui peut les faire valoir, et perdront de leur mérite. On doit donc s'appliquer à disposer l'écriture dans son ensemble tellement qu'elle puisse offrir à l'œil l'aspect le plus flatteur et le plus séduisant.

Mais pour parvenir à ces heureux effets, il faut observer plusieurs choses qui constituent l'ordre dans l'écriture.

1.º La distance convenable entre les lettres selon les règles qui ont été prescrites.

2.º On doit séparer les mots entr'eux par un intervalle de deux corps de lettres, c'est-à-dire par la largeur d'une *m*.

3.º On tâchera de donner à son écriture l'alignement le plus droit possible, et bien parallèle à la ligne horizontale.

4.º On fera sur-tout attention à mettre un intervalle assez grand entre chaque ligne, pour que les parties supérieures des lettres ne puissent se confondre avec les parties inférieures des lignes précédentes. On fixe ordinairement cet espace à quatre corps du caractère qu'on écrit; mais cette règle peut varier selon le goût particulier et les circonstances. L'écriture fine en exige davantage, et la grosse moins.

5.º Un écrivain de bon goût s'appliquera essentiellement à distribuer avec ménagement les lettres d'une forme particulière ou ornées de passes ou d'autres petits traits, dont la multiplicité pourrait rendre l'écriture embarrassée et confuse.

6.º Les lettres majeures ne seront employées qu'au commencement des phrases et des noms propres. Elles doivent être supprimées par-tout ailleurs.

7.º Enfin, on observera de placer des alinéa, c'est-à-dire de recommencer une nouvelle ligne un peu moins avancée vers le bout que les autres, sans avoir achevé la précédente, lorsque la nature du discours change, ou que l'objet dont on traite est un peu différent du précédent.

C'est par l'exacte observation de ces règles qu'on peut arriver à cet heureux arrangement qui fait ressortir la beauté de l'ouvrage et y ajoute beaucoup de prix.

FIN.

Taille de la Plume.

Tenue de la Plume.

Position du Corps.

Bariolle, Graveur
Rue de la buchette, No 10.

Guillaume, Montfort
Rue de la buchette, No 10.

Notions Préliminaires

Positions de la Plume

Effets de la Plume

Figures Radicales

Mesure des Lettres

Bariolle Graveur

Guillaume-Moufeu

Distances des Lettres,

Pour la Ronde,

entre deux jambages 3 becs.	de jambage à rondeau 2 becs ½.	de rondeau à rondeau un bec ½.	du c à rondeau 2 becs.
III	IOI	OC	CO

du c à jambage 1 bec ½.	de jambage à l'i 2 becs ½.	de rondeau à l'i 1 bec ½.	de l'i à l'f 3 becs.
CIꝹ	IƐ	OƐ	ƐƷ

Pour la Bâtarde,

de jambage à jambage 3 becs.	de jambage à rondeau 2 becs ½.	de rondeau à rondeau 1 bec ½.	du c à l'o 2 becs.
III	IOI	OC	CO

du c à un jambage 2 becs.	de l'i à l'i 1 bec.	de l'i à l'f 3 becs.	de l'f à f 3 becs.
CII	II	ƐƷ	ƧƧ

Alphabets liés,

abcdefghilmnopqrstuvxyʒ

abcdefghilmnopqrstuvxyʒ

Guillaume-Montfort

Bariolle Graveur

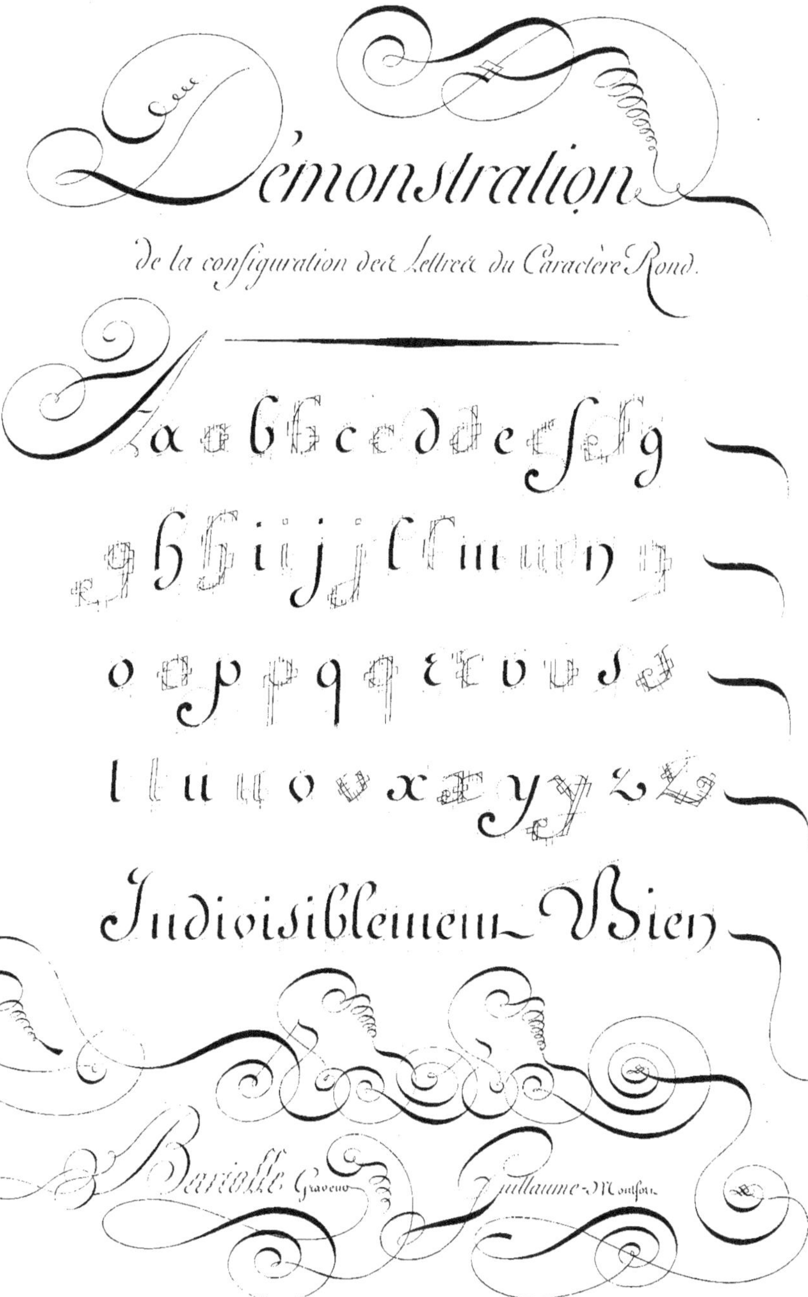
Démonstration
de la configuration des Lettres du Caractère Rond.
a a b b c c d d e f f g
g h h i i j j l l m m n n
o o p p q q r r u u s s
l l u u o v x x y y z z
Indivisiblement Bien
Bariolle Graveur   Guillaume-Montfort

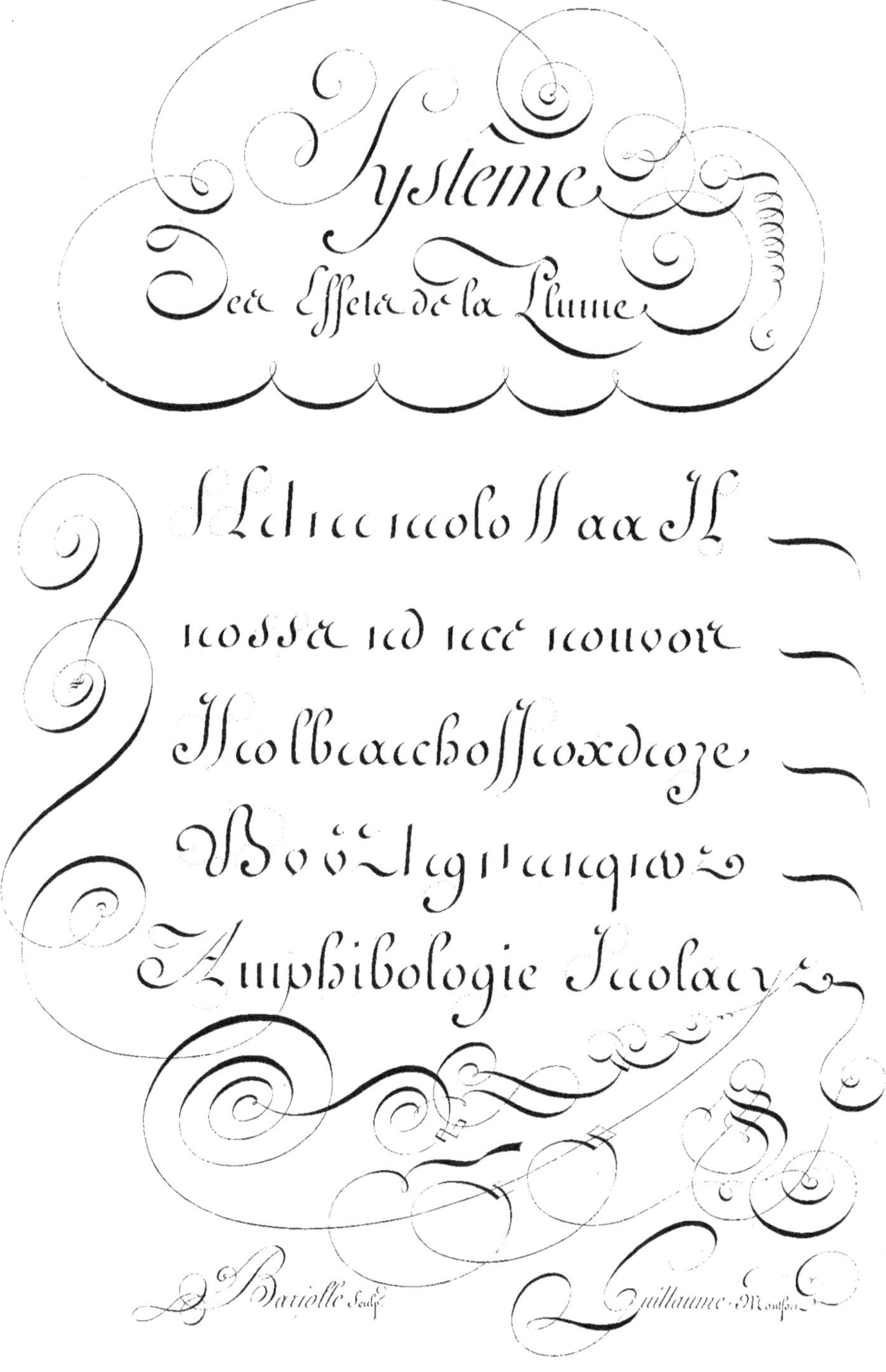
Systême
des Effets de la Plume
J. Bariolle Sculp.
Guillaume Montpr.

Majuscules
pour la Ronde
A A B B C
D E F G G H H
I I I L L M N
N O O P P Q Q
R R S S S T V
V X Y Z
Guillaume - Montfort
Bariotte Graveur

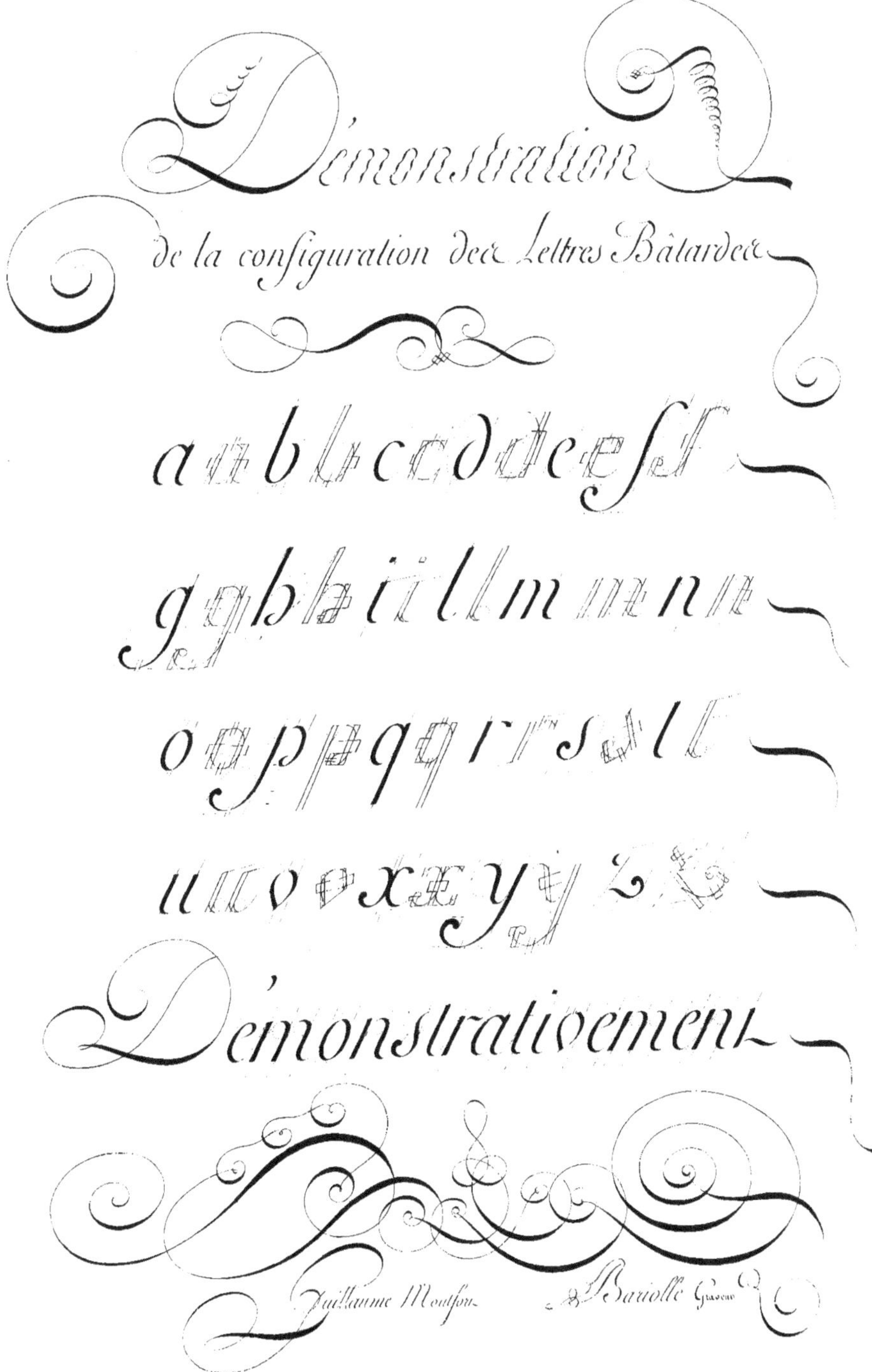

Pl. VIII.
Démonstration
de la configuration des Lettres Bâtardes
a b c d e f
g h i l m n
o p q r s t
u v x y z
Démonstrativement
Guillaume Montfort
Bariolle Gravé

Moyens
pour faciliter la configuration des Lettres

lldoidoipcolblac
amphibologie et
rossoienndiobier
volontairement ds
iiiill coippoidortec

Bariolle Sculp.   Guillaume - Montfort

Majuscules
pour l'écriture Bâtarde et Coulée
A A A A B B C C
D D D D E E E E F
F F G G H H I I J J L L L Z
M M M M N N O O P
P P L L L R R R S S S
T T T T V V O X
Y Z
Guillaume - Montfort   Bariolle Graveur

Bariolle Graveur
Guillaume. Moulfou.

Guimenon et Etienne
Françoise Lossainville,
Commissaires a Sain.-
Denis et Bolonie,
de la Vigne vous par
une Somme de mille,
cinq cents Livres

Bariolle Graveur   Guillaume-Monsou

Extraordinaire Etat
Favorablement doit
Récapitulation olb
Sommeillerez pour
Configurations ou
Militairement ici
Bariolle Graveur
Guillaumel. Moulsons

Tout ce qui est extérieur
à l'homme, tout ce qui peut
être commun aux bons et
aux méchans, ne le rend
point véritablement estimable;
c'est par le cœur qu'il faut
juger de l'homme.

Guillaume-Moufson   Bariolle Graveur

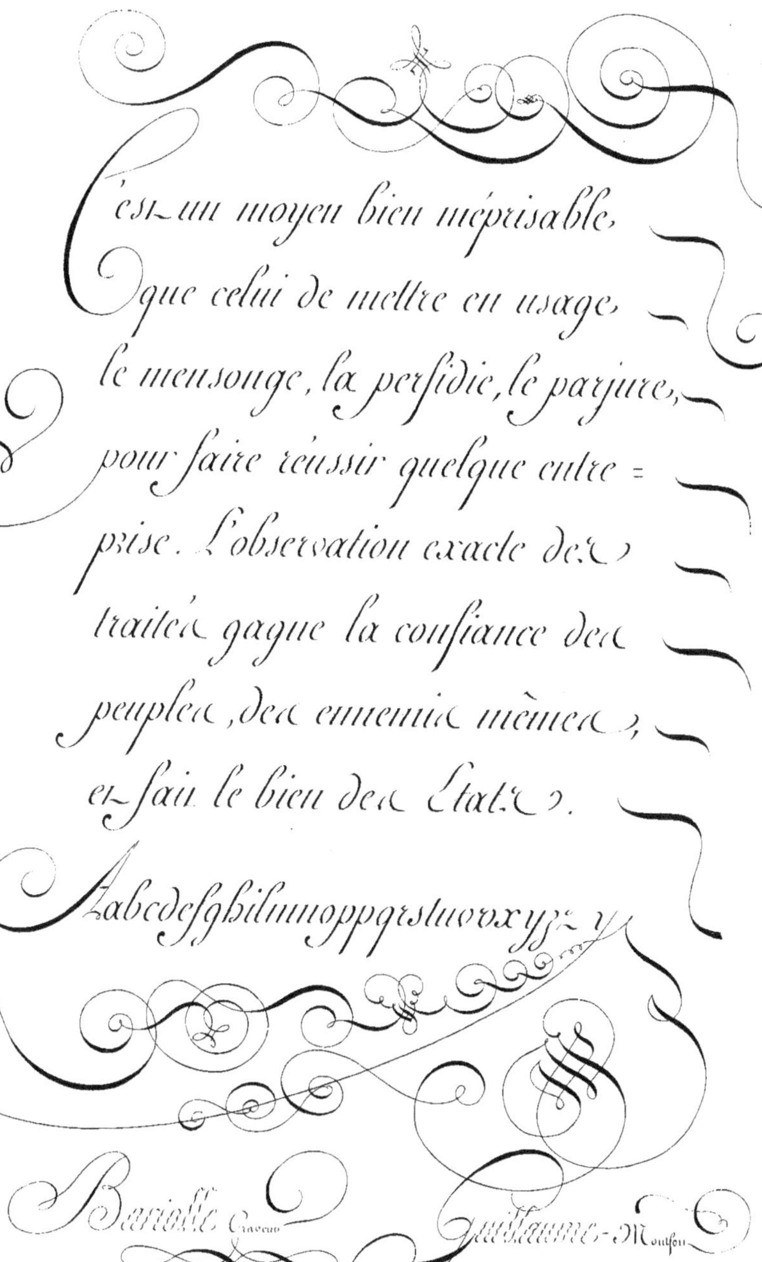
C'est un moyen bien méprisable,
que celui de mettre en usage,
le mensonge, la perfidie, le parjure,
pour faire réussir quelque entre=
prise. L'observation exacte des
traités gagne la confiance des
peuples, des ennemis mêmes,
et fait le bien des États.
Aabcdefghilmnoppqrstuvxyz
Bariolle Graveur   Guillaume-Moufon

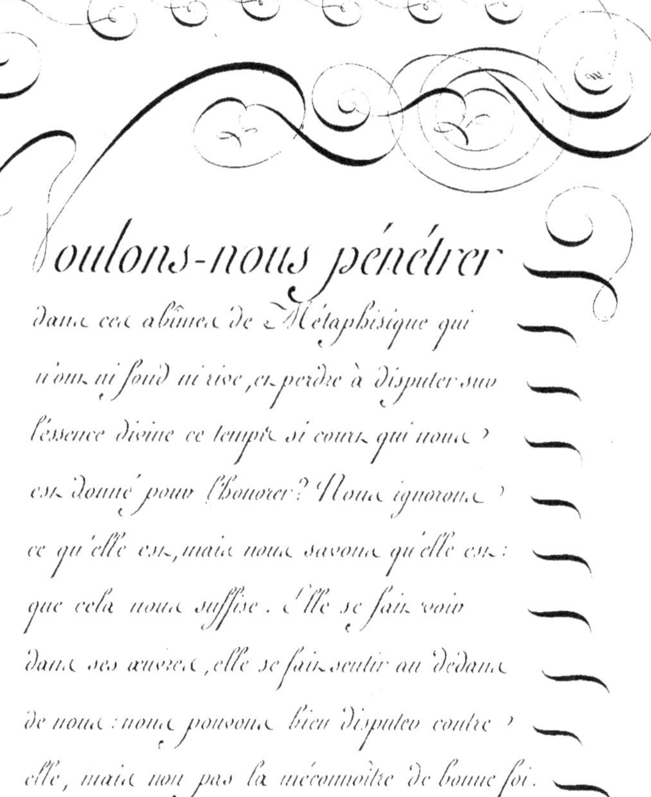

Voulons-nous pénétrer dans ces abîmes de Métaphisique qui n'ont ni fond ni rive, et perdre à disputer sur l'essence divine ce temps si court qui nous est donné pour l'honorer ? Nous ignorons ce qu'elle est, mais nous savons qu'elle est : que cela nous suffise. Elle se fait voir dans ses ouvrages, elle se fait sentir au dedans de nous : nous pouvons bien disputer contre elle, mais non pas la méconnoître de bonne foi.

L'éducation que l'on donne d'ordinaire aux jeunes gens est un second amour propre qu'on leur inspire.

L'Indiscrétion d'une,

personne a souvent entraîné la ruine de plusieurs familles, semé la division entre les amis les plus intimes, et fait commettre des crimes atroces.

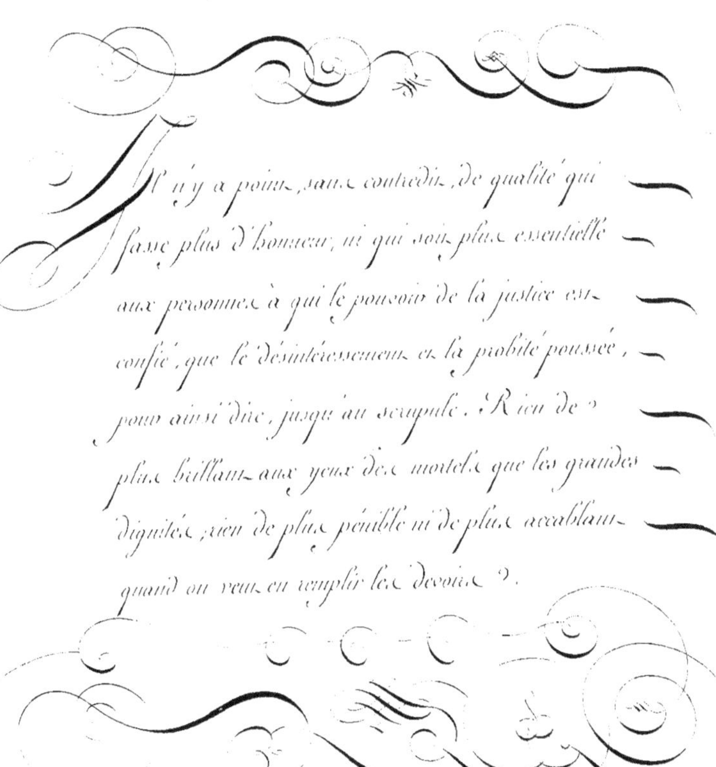

Il n'y a point, sans contredit, de qualité qui fasse plus d'honneur, ni qui soit plus essentielle aux personnes à qui le pouvoir de la justice est confié, que le désintéressement et la probité poussée, pour ainsi dire, jusqu'au scrupule. Rien de plus brillant aux yeux des mortels que les grandes dignités, rien de plus pénible ni de plus accablant quand on veut en remplir les devoirs.

Baralle Sculp.   Guillaume Montfort

Les Exemples sont les
pièces d'écriture que l'on donne à imiter à
ceux qui apprennent à écrire. Il y en a de
deux sortes, les Exemples simples, et les composées. Les simples sont pour les commençans;
elles doivent être faciles, régulières, et peu chargées
de Cadeaux.

Les Composées sont pour les élèves plus avancés, dont
la main est parvenue à une certaine sûreté; elles doivent
être variées, d'une correction parfaite, et renfermer des beautés
qui frappent. C'est dans ces sortes de pièces que le
Maître fait voir le bon goût et la justesse des coups
de plume, que l'Elève doit s'efforcer d'imiter.

Bariolle Sculp.

Guillaume Montfort

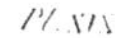

Si notre siecle et nos mœurs

ne comportent plus la tempérance et la frugalité des Anciens,
l'on peut du moins et l'on doit, dans chaque état et dans chaque
genre, ramener les choses à une honnête et louable médiocrité, qui
en justifie et en rectifie l'usage.

Quand on écrit la vie des gens, disait le célèbre Despréaux,
il ne faut point les ménager sur ce qu'ils ont de criminel, cela
gagne créance pour le bien qu'on dira d'eux... Le ministre Colbert
ne pouvait souffrir Suétone, parcequ'cet historien avait révélé la
turpitude des Empereurs. C'est par là cependant qu'il doit être recom-
-mandable à ceux qui aiment la vérité.

Les Grecs avaient une telle vénération pour Hercule qu'ils en ont
fait un demi-Dieu. Ils le regardaient comme le plus illustre
des mortels.

Guillaume=Montfort.   Bariolle Sculp

L'imitation d'hercule,

Thésée briguait la gloire de toutes les expéditions éclatantes.
Il triompha, dit-on, des Amazones; il parut à la chasse
de cet énorme sanglier de Calydon, contre lequel Méléagre
rassembla les guerriers les plus courageux de son tems;
il se signala contre les Centaures de Thessalie, ces hommes
audacieux qui, s'étant exercés les premiers à combattre à
cheval, avaient plus de moyens pour donner la mort et pour
l'éviter.

Selon les intérêts de chacun, un hermitage devient un palais, la moindre
démarche un dévouement sublime, la plus petite faute une action atroce;
un hasard ordinaire devient un événement merveilleux, et une légère contrariété
un malheur inouï. Et puis fiez-vous à ce qu'on vous dit?

Guillaume-Montfort de la Barivelle.

Le combat d'un homme avec son ombre consiste à tenir dans
chaque main un gros bâton court, garni de plomb aux deux
bouts; et à les secouer vigoureusement l'un et l'autre. Cette agitation
dégage la poitrine, exerce les membres, et donne à un homme tout
le plaisir d'un combat réel sans l'exposer aux coups.

Le bon naturel est plus agréable en conversation que l'esprit, et donne
un certain air qui a plus d'attraits que la beauté. Il met la vertu
dans son plus grand jour, diminue en quelque manière la laideur
du vice, et rend la folie et l'impertinence même supportables.
Les assurances d'amitié et les offres de services qu'on trouve d'ordinaire
dans le monde, ne sont pas naturelles; elles ne viennent pas du cœur:
C'est dans la classe obscure des citoyens que l'on trouve le plus
souvent des cœurs sensibles.